基于核心问题的综合实践活动课程开发与实施

——个人与自然

主编◎米云林

电子科技大学出版社
University of Electronic Science and Technology of China Press
·成都·

图书在版编目（CIP）数据

基于核心问题的综合实践活动课程开发与实施. 个人与自然 / 米云林主编. --成都：电子科技大学出版社，2021.3

ISBN 978-7-5647-8792-9

Ⅰ. ①基… Ⅱ. ①米… Ⅲ. ①活动课程-教学研究-中学 Ⅳ. ①G632.3

中国版本图书馆 CIP 数据核字（2021）第 042281 号

基于核心问题的综合实践活动课程开发与实施——个人与自然

主　编　米云林

策划编辑　谢应成　高小红
责任编辑　谢应成

出版发行　电子科技大学出版社
　　　　　成都市一环路东一段 159 号电子信息产业大厦九楼　邮编　610051
主　　页　www.uestcp.com.cn
服务电话　028-83203399
邮购电话　028-83201495

印　　刷　成都市火炬印务有限公司
成品尺寸　185 mm×260 mm
印　　张　10.75
字　　数　250 千字
版　　次　2021 年 3 月第 1 版
印　　次　2021 年 3 月第 1 次印刷
书　　号　ISBN 978-7-5647-8792-9
定　　价　40.00 元

编 委 会

主　编　米云林

副主编　陈明英　熊文俊

编　委　苏　梅　曾　伟　刘世刚　张　谦　冯小辉
冯　刚　陈　琳　阙　庶　周大立　李开山
张　扬　马方林　杨入境　王　旭　向柱文
郑　芸　董蜀章　徐小玲　薛蕾蕾　王学龙
胡　隽　许　阳　曾声蓉　崔晓勤　王　娜
谭　妍　张红琼　宋德洪　易新颖　黄立刚
任志恒　罗文力　苏　娜　袁小琴　钟　姝
王瑞华

序

《基础教育课程改革纲要（2001 年）》《国家中长期教育发展纲要（2010—2020 年）》《普通高中课程方案（2017 年修订稿）》等文件一再提出深入推进课程改革，调整和改革基础教育的课程体系，全面落实课程方案，制订满足学生发展需要的学校课程计划，加之四川省即将全面推行新高考改革，探索基于统一高考、高中学业水平考试成绩和参考综合素质评价的多元录取机制，这些都要求学校有体现人才培养特色的独特育人目标，要有系统、特色的课程群支撑，特色课程群要能推动全体学生的特色发展。学校基于需求判断、目标分析开展了十多年的核心问题教学研究，已经在“教学模块的设计及投放实践研究”“基于缄默知识的核心问题教学实践研究”“核心问题教学中的学生深度体验实践研究”“促进学生深度体验的核心问题教学评价实践研究”四个课题的框架下，将学生单纯的接受性学习转变为体验性与接受性相结合的学习，构建与实践检验活动，相应形成核心问题的教学思想、教学活动、教学目标、教学评价等系列研究成果。在此基础上，我们进行了“基于核心问题的学校课程开发与实施研究”课题研究，构建了川大附中研究性特色课程体系，形成了必修和选择性必修的学科课程、必修的综合实践活动课程、必修的劳动课程、选修的学科课程、选修的校本课程等五类课程，这五类课程的开发实施既与国家课程方案的要求完全吻合，又基本满足全体学生的全面发展与个性化学习。

基于核心问题开发与实施的各类课程，以完整合理的核心问题教学“提出问题、解决问题、反思提升、评价反馈”四环节，驱动学生在活动体验中学习。我们在基于核心问题开发实施的综合实践活动课程中，更加强调要从学生的真实生活和发展需求出发，从生活情境中发现问题，转化为活动主题，培养学生以研究素养为代表的综合素养。本系列丛书是基于核心问题的综合实践活动课程开发与实施的优秀案例，具体涉及个人与国家、个人与社会、个人与自然、个人与自我四个领域。其中个人与社会分为两册、个人与国家、个人与自我合编成册，共计 4 册。系列丛书中的每个课程包含《川大附中项目课程开发实施规划纲要》、一个课程教学方案和学生的一个主要研究成果三项内容，其中课程开发实施规划纲要规范了课程开发实施的路径，将核心问题教学三大项十二小项的课程教学方案落实到每一节课。学生研究形成的成果很好地实证了课程开发实施的价值和意义，很好地凸显了基于核心问题开发实施的综合实践活动课程一形态四功能”特色，其中“一形态”指具有核心问题教学的外在形式特征：融入情境、根植缄默、问题导向、活动体验、思维高阶；“四功能”指具有核心问题教学的内在四大作用：统筹课堂内外、践行五育并举、促进深度体验、积淀研究素养。这样基于核心问题的综合实践活动课程为培育“全面发展　长于研究”的学生打下坚实基础，促进了学校“培养—研究型”大学附中特色文化的形成。

本系列丛书成果既是学校课题研究成果的原始素材，又是课题研究成果的现实演绎；既是教师专业成长的阶梯，又是教师专业发展的实证。这些研究成果得到社会的广泛认可，许多案例已经在成都市、四川省乃至全国各级各类赛课中获奖，在各级各类研究课中获一致好评。

编　者

2021 年 1 月

目　录

防空洞条件对食用菌栽培的影响研究

川大附中项目课程开发实施规划纲要

课程首席教师　曾声蓉（生物组）
课程参与教师　杨　帅　晏玉红（生物组）

<table>
<tr><td>课程名称</td><td colspan="8">防空洞条件对食用菌栽培的影响研究</td></tr>
<tr><td>课程类型
（勾选）</td><td>√</td><td>必修的综合实践
活动课程</td><td></td><td>必修的
劳动课程</td><td></td><td>选修的
学样课程</td><td></td><td>选修的
校本课程</td></tr>
<tr><td>实施对象</td><td colspan="3">高二年级学生</td><td colspan="3">建议选课学生人数</td><td colspan="2">12 人</td></tr>
<tr><td>课程课时
及上课时段</td><td colspan="8">5 次 10 课时，划定课程时间</td></tr>
<tr><td>课程背景</td><td colspan="8">（一）课程开设背景分析
中华食用菌文化是中华传统文化的瑰宝，食用菌产业已成为我国种植业中的一项重要产业。食用菌产业正日益成为现代农业的重要着力点，也成为激活农村经济、带动农民增收致富的重要途径。当前，在食用菌栽培上虽已有了先进的智能化温室车间，可以控制栽培的温度和湿度，一年四季自动化栽培、出菇、收菇，但还没有完全普及到中小型农业生产上，在农村农民利用现成环境条件进行食用菌栽培仍占据较大比例。所以，因地制宜，将我校闲置的防空洞利用起来种植适合的菌种，以期为学校食堂提供绿色无污染食材是我们的目标之一。更为重要的是开展此课题研究将会是一个长期的过程，本期为首次开发，可为今后深入研究奠定基础。通过本期的研究，发现和寻找基于防空洞食用菌栽培后续研究的真实问题，也期望通过这个持续的研究过程产生具有一定的推广价值和经济价值
中共中央、国务院印发了《关于全面加强新时代大中小学劳动教育的意见》，提出“培养勤俭、奋斗、创新、奉献的劳动精神”。长期以来，各地区和学校坚持教育与生产劳动相结合，在实践育人方面取得了一定的成效。同时也要看到，一些青少年中出现了不珍惜劳动成果、不想劳动、不会劳动的现象，劳动的独特育人价值在一定程度上被忽视，劳动教育被淡化和弱化。对此，我们应该高度重视，采取有效措施切实加强学生的劳动教育。通过本课程，学生和老师每天亲手定时定量给食用菌浇水、观察记录，反复发现新问题进行探究，在此过程中，学生既体验了科学研究脑力劳动的艰辛，又出汗出力，感受到了体力劳动的艰辛，有助于学生劳动意识、劳动技能、劳动素养的提升
再者，我校防空洞是 20 世纪遗留下来的历史建筑，里面有很多间教室，相当壮观，但此前一直闲置，从未被开发利用。相信将其开发出来作为综合实践活动课程的场地会带给参观者惊喜，若在课程推进过程中获得有价值的研究成果将会是有意义的</td></tr>
</table>

（续表）

课程背景	（二）课程资源背景分析 1．硬件资源背景 防空洞类型较多，有水泥结构的、土结构的；防空洞湿度较大、温度较为恒定；防空洞里一般有通风口，但通风效果较差；防空洞内没有光照，可安装适量的白炽灯等照明设备。我校的防空洞是水泥防空洞，占地面积大、较通风、有节能白炽灯照明设备、春夏季地面和洞顶渗水严重、湿度高至80%～90%，气温恒定在14℃左右。另外，我校生物数字实验室、图书馆、生物园地、生物实验室等资源可供研究使用；生物实验室微生物培养的仪器较齐备；校内医务室对教室消毒技术较为成熟，可借鉴 2．人力资源背景 我们一直和四川省农业科学院食用菌种栽培研究中心和四川大学生命科学院微生物专业的专家和教授有密切的往来，他们可以为我们提供菌种、参观学习机会、栽培技术支持、专家亲临指导等 （三）学生背景分析 1．知识储备方面 本课程参与的同学为高二年级的学生，他们对微生物相关知识有较全面的认识，十分向往动手做微生物培养相关的实验；生活在和平年代的学生对防空洞有强烈的好奇心，他们对防空洞充满好奇；栽培食用菌技术成熟，能在相对较短的时间内出成果，学生非常感兴趣 2．研究素养方面 我校的办学特色是“培养—研究型”大学附中，“以研究性课程和研究性教师培养研究性学生的特征”，学生在高一入学即参与综合实践活动研究性课程中来，具备研究的基本素养，但对科学研究的全过程体验还不深刻，科学研究方法的认识上还有待提高 3．研究意愿方面 小学、初中阶段、高一两学期、高二上期学生已参与过很多综合性实践活动课程，其相比课内必修课的学习，综合实践活动课的实践性和活动性突出，学生愿意参与其中，也乐在其中，加上本门课程开展过程中能进入防空洞，能动手做实验，学生兴趣盎然
课程内容（核心问题）	探究川大附中防空洞环境对食用菌栽培的影响，撰写实验报告 问题： ①我校防空洞环境相比外界环境相比有何特殊之处 ②哪些常见的食用菌适合在我校防空洞环境下栽培呢 ③如何规范撰写实验报告 活动：探究，撰写
课程目标	（一）结果性目标 能通过查阅资料，明确实验的基本过程和原理，并设计方案，栽培食用菌，探寻防空洞环境对食用菌栽培的影响，撰写实验报告

（续表）

<table>
<tr><td>课程目标</td><td colspan="6">（二）体验性目标
1. 在设计实验探究实验室环境与防空洞环境对比栽培效果的活动中，体验同一菌种在不同培养条件下栽培与该食用菌出菇情况的关联
2. 在设计实验探究哪种食用菌在防空洞环境下栽培更有优势的活动中，体验不同菌种的出菇情况与防空洞特有的环境条件之间的关联
3. 在设计实验探究防空洞环境下金针菇在有光和无光条件下对比栽培的活动中，体验该菌种的出菇与光照有无之间的关联
4. 在交流、展示、评价实验的活动中，体验实验结果、实验结论与实验目的、实验设计、实验过程之间的关联；体验成果呈现与表达能力、劳动素养之间的关联</td></tr>
<tr><td rowspan="10">课次计划</td><td>课次</td><td>主题</td><td>研究环节</td><td>学生活动</td><td>课前课后任务</td><td>活动地点</td></tr>
<tr><td rowspan="4">1</td><td rowspan="4">提出问题：课题研究方向及问题的确立</td><td>发现问题</td><td>参观四川省农业科学院食用菌栽培研究中心和学校防空洞，发现问题</td><td rowspan="4">课前：查阅食用菌和食用菌栽培相关资料，联系食用菌种植基地，查看学校防空洞条件
课后：成立小组，明确分工，准备实验器材</td><td rowspan="4">学校防空洞、农科院、生物数字实验室</td></tr>
<tr><td>组建团队</td><td>按子课题研究方向分三组</td></tr>
<tr><td>尝试查新</td><td>围绕本组拟解决的问题进行查新、学习与分析</td></tr>
<tr><td>表达问题</td><td>确定本组要研究解决的问题加以表达</td></tr>
<tr><td rowspan="4">2</td><td rowspan="4">解决问题 1：探究防空洞环境条件，寻找适合种植的菌种</td><td>搜集信息</td><td>在课前搜集信息的基础上汇总、梳理、分析</td><td rowspan="4">课前：分组研讨，提出初步实验方案、查阅资料，寻找影响栽培的条件
课后：每天定时观察记录数据</td><td rowspan="4">学校防空洞、生物园地、生物数字实验室</td></tr>
<tr><td>提出假设</td><td>防空洞环境条件适合某些食用菌的生长</td></tr>
<tr><td>制定方案</td><td>分组讨论并撰写各组子课题研究方案</td></tr>
<tr><td>实施研究</td><td>按照方案、控制变量、进行实验</td></tr>
<tr><td>3</td><td>解决问题 2：实验结果分析，提出新问题，改进实验继续研究</td><td>实施研究</td><td>由实验记录的过程和结果，发现新问题，调整实验方案，修改研究方案，再次准备实验材料和用具继续实验</td><td>课前：准备实验观察记录本、照片、实物
课后：重新实验或修正实验，继续坚持每天观察和记录数据</td><td>学校防空洞、生物园地、生物数字实验室</td></tr>
</table>

（续表）

课次计划	4	反思提升：整理实验数据，汇总实验结果，撰写实验报告，制作汇报 PPT	记录写实	完善前两次课实验记录	课前：完成初步的研究写实记录 课后：进一步完善实验报告	生物数字实验室
			整理资料	汇总、整理研究资料		
			反思研讨	基于查阅的资料和实验的数据，对防空洞条件和该条件适合种植的食用菌种类等进行反思、研讨与提升		
			撰写成果	撰写实验报告，制作汇报 PPT		
	5	评价反馈：研究成果的展示、交流总结、评价	自评互评	分组展示，交流与评价	课前：完善研究报告和 PPT 课后：将成果打包汇总并提交学校学教育科研处	科技楼 6 楼
			修改报告	交流与评价		
			资料入库	汇总、整理研究过程资料		
			申请认定	汇总、整理过程资料，准备提交学校教育科研处		
学生作品	1．川大附中防空洞栽培的食用菌成品 2．探究实验“川大附中防空洞环境对食用菌栽培的影响”的实验方案、实验报告及 PPT					
评价方式	1．课题研究过程中，生生和师生间的多向、多元评价 2．实验方案和实验报告的等级评定					
安全保障	实验室安全、防空洞安全、出行参观安全等一般课程保障					
条件保障	课程开发组外部保障：生物数字实验室、生物实验室、信息中心、防空洞、四川省农业科学院食用菌栽培中心、师生文献查阅软硬件支持、实验材料与用具的经费报销、外出参观用车及安全保障等 课程开发组内部保障：具有一定的研究能力，尤其是科学探究能力的生物教师指导					
开发次第	课程为首次开发					
课程审批	1．课程教学处：　签　章　年　月　日 2．学生发展处：　签　章　年　月　日					

防空洞条件对食用菌栽培的影响研究
成果展示交流

一、教学分析设计

（一）活动分析

本次课为本门课程的第五次课，回顾前四次课：第一次课，学生参观了四川省农业科学院食用菌栽培研究中心和学校防空洞，初步确立研究总课题为“防空洞条件对食用菌栽培的影响研究”，并分三组分别确立了子课题，课后分别围绕各组子课题进行查新、学习与分析，购买实验材料。第二次课，学生在课前搜集信息的基础上汇总、梳理、分析，课上设计实验方案、控制变量实施实验探究防空洞环境光照和温度条件，寻找适合防空洞种植的菌种，课后每天定时观察记录实验数据。第三次课，学生由实验记录的过程和结果，发现新问题，调整实验方案，修改研究方案，再次准备实验材料和用具继续实验。第四次课，整理分析实验数据，分工制作展示交流 PPT，撰写研究报告。

在前四次课的基础上，本节课为课程核心问题教学的评价反馈环节，分组展示防空洞条件对食用菌栽培的影响研究成果，展开自评和他评；课后各小组获得评价反馈后，修改研究报告和 PPT，整理研究资料入库，提交教育科研处。因此，本次课主题中的活动内容确立为“各小组研究成果”的展示、交流与评价。

（二）学生分析

经过近一年半的高中学习，该课题学生已经具备了一定的科学实验设计能力、数据处理能力、实验结果分析能力，且对防空洞种植食用菌研究非常感兴趣。对此，课程老师悉心指导各小组学生，积极展开实验设计、进行实验、数据处理与分析，进一步提升学生科学探究能力。本次课旨在通过分组展示成果、自评和他评，提升学生的科学探究能力、劳动意识和劳动素养，让学生获得一定的成就感，且懂得团队作战的重要性、虚心听取他人的建议和意见，逐步完善自己的研究报告。

因此，本次课主题中的学生活动方式主要为展示、交流、评价。

（三）目标分析

根据本课程规划纲要中确立的课程教学目标，基于本次课的活动分析及学生分析，撰写本次课的教学目标如下。

结果性目标：能投入初步研究报告的展示、交流与评价活动，能基于评价反馈自发、完善自己的研究报告。

体验性目标：在初步研究报告的展示、交流、评价与改进活动中，体验实验结果、实验结论与实验目的、实验设计、实验过程之间的关联；体验成果呈现与表达能力、劳动素养之间的关联。

（四）资源分析

本次课为室内的展示交流课，所用主要教学资源如表 1 所示。

表 1

教学资源	选用意图	来源
平板	辅助推进教学环节，展示图片相互评价等	科大讯飞
PPT、投影	用于教学引入及小组展示交流	学校多媒体设备
黑板	板书本堂课活动中的关键信息，呈现学生观点、辅助教师提升讲解	学校教室

（五）主题分析

按课程规划纲要的课次规划，基于前面对本次课程活动与学生的分析，将本次课的活动主题确定为研究成果的展示交流与改进。

二、教学实施设计

（一）教学环节

按课程规划纲要的课次规划，本次课为核心问题教学中的评价反馈环节，其中包括自评互评、修改报告、资料入库及申请认定四个子环节，具体教学设计如表 2 所示。

表 2

教学环节	学生活动	教师活动	设计意图
教学引入（约 4min）	首先，师生一起回顾前四次课学习的内容。 第 1 次课提出问题：课题研究方向及问题的确立 第 2 次课解决问题 1：探究防空洞环境条件，寻找适合种植的菌种 第 3 次解决问题 2：实验结果分析，提出新问题，改进实验继续研究 第 4 次课反思提升：整理实验数据，汇总实验结果，撰写实验报告，制作汇报 PPT。在此基础上，明确本课次的学习任务	引导学生回顾前四次课的内容，简单介绍光照组、菌种组、对比组的分组情况和研究任务 引出本次课的学习任务：分组进行展示，交流各组的研究过程，介绍本研究小组初步形成的研究报告	引导回顾前四次课的研究情况，帮助学生快速进入本次课的学习活动状态，明确本节课的主要任务

（续表）

教学环节	学生活动	教师活动	设计意图
展示交流（约25min）	分小组展示 第 1 组展示：本组子课题——探究防空洞条件下光照对同一菌种生长的影响；该课题的确立过程、实验设计、实验过程、结果分析、结论分析 第 2 组展示：本组子课题——比较多菌种在实验室与防空洞的生长状况；该课题的确立过程、实验设计、实验过程、结果分析、结论分析 第 3 组展示：本组子课题——探究在防空洞条件下不同菌种的生长情况；该课题的确立过程、实验设计、实验过程、结果分析、结论分析	引导同学们的展示与交流活动，归类记录各组展示交流要点，鼓励学生勇于自我表达，肯定学生在研究过程和展示阶段的主动积极与大胆创新	本课次要求在“防空洞条件对食用菌栽培的影响研究”总课题的指导下，分小组展示从不同角度来展开研究过程及成果，提升研究能力和素养，突出我校“以研究性课程和研究性教师培养研究性学生”的办学特色
自评互评（约7min）	学生基于在各组展示交流时的思考与记录，对本组或他组的研究成果及展示进行评价，教师对小组研究进行评价	参与、引导同学们的自评互评活动	通过小组间的自评互评，师评，提升学生敢于质疑、勇于探索、乐于沟通等研究素养
反思提升，课堂小结（约6min）	学生在教师的引导下反思本课次的内容，并将三个小组的研究成果进行融合，为课后更完善的实验报告打下基础	教师对科学研究的一般思路进行归纳提升，对研究过程十分扎实的小组给予肯定 对研究过程中学生体现出的科研精神、劳动精神给予肯定 对本节课表现突出的个人和小组进行表扬，并从教师角度提出一些建议	肯定学生有发现和研究、解决实际问题的社会责任感，有善于发现问题、提出问题、获取信息、解决问题、检验结果和推广运用的研究实践能力，鼓励小组成员间协同合作，继续完成后续工作
修改报告（约20min）	课后基于获得的评价反馈信息，修改实验报告	对各小组实验报告的修改加以进一步指导与答疑	通过修改实验报告，加深学生对实验结果和结论的得出与实验设计和过程的关联；加深学生对科研成果的获得与劳动付出的关联

（续表）

教学环节	学生活动	教师活动	设计意图
资料入库（约10min）	课后汇总、整理研究过程资料	对学生课程资料的整理进行指导与点拨	通过对课程研究资料的整理，进一步提升学生重视研究过程、珍视科研成果的研究素养
申请认定（约10min）	课后将研究资料提交学校教育科研处	辅助学生提交相关资料	通过提交研究资料，进一步提升学生寻求成果认定、实现社会价值的意识与能力

（二）评价预设

1．教学活动中对学生即时、口语为主的评价预设

教学引入环节：明确本节课的具体任务，让学生清楚这次课和前四次课的关联，对前期研究工作做得较好的小组提出表扬，鼓励学生在本次课能大但发言、主动交流，营造积极的课堂氛围，激发学生学习的热情，实现演讲者与倾听者的共鸣，以达到本次课的目标。

展示交流评价环节：通过对小组展示、交流过程给予的激励性评价，促进学生进一步融入课堂，能主动进行有效记录，重点引导学生在语言表述、环节逻辑性上的把握，展现小组的合作能力，有效激活学生在交流展示时个性的体现，主动调用自己已有的知识处理临场的情况，使课堂中充满新的火花。

课题小结、反思提升环节：促使学生提炼科学研究的一般思路，提升自己的研究素养，为后续研究打下基础；促使学生意识到科学研究是脑力劳动，种植管理食用菌是体力劳动，两相结合，提升自己的劳动素养。

资料入库环节：鼓励学生重视研究资料搜集与整理的优良研究习惯与素养。

2．教学活动后的评价预设

从本课次教学目标，尤其是体验性目标达成情况的视角，对包括《写实记录表》在内的学生上交的研究过程资料，以及实验报告、拟向学生处提交的《防空洞条件对食用菌栽培的影响研究》等研究成果进行评价，并及时反馈。

（三）板书设计（如图 1 所示）

防空洞条件对食用菌栽培的影响研究（第五次课）
——研究成果展示交流

课程核心问题：探究川大附中防空洞环境对食用菌栽培的影响，撰写实验报告

科学研究的一般思路：（根据现场回答生成）

1．发现并提出问题：走访参观　查阅资料　生成并表达问题

2．设计并实施实验：设计实验方案　准备实验材料与用具　设置对照实验　记录实验数据

3．结果分析与结论：汇总并整理实验数据　发现新问题　查阅资料　改进或重新实验　得出实验结论　撰写实验报告　资料汇总　申请认定

（副板书根据学生现场提问进行记录）

图　1

（四）教学流程（如图 2 所示）

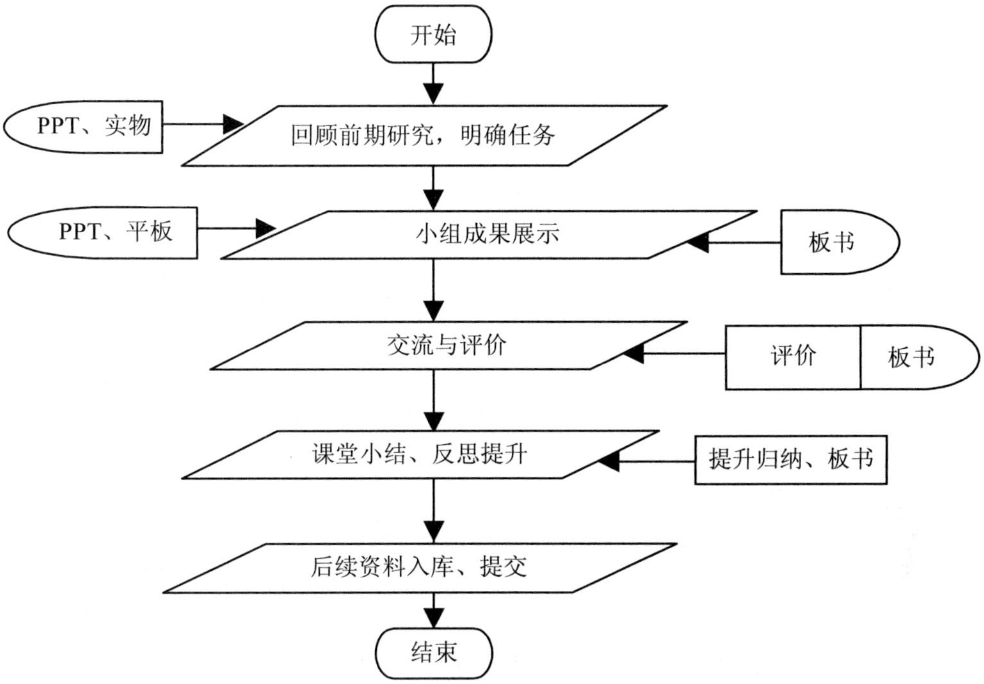

图 2

三、教后评价反馈

（一）信息搜集

1．课后认真观看课堂录像，并进行教学实录。

2．课后搜集学生修改后的实验报告。

（二）自我评价

结合学生课堂的表现和课后修改好的实验报告发现，本次课较好地达成了结果性目标和体验性目标，尤其学生对实验结果和结论与实验设计和过程之间关联的体验，研究成果的呈现与科学研究素养和劳动素养之间关联的体验是极为深刻的，凸显了综合实践活动课程的综合性、实践性、活动性和研究性，尤其是研究性突出。其具体体现在以下方面。

14 份实验报告中，每位同学都对本次实验“实验目的”“实验过程”“实验结果与结论”“实验反思”等进行了归纳总结。每组同学的实验目的都清晰明了，这为学生后续开展实验过程中对照原则，严格控制自变量和因变量实施实验有指导价值。每组同学在第三次课时都进行了反思调整和改进实验，这次反思调整对后续实验条件的控制、研究价值的思考起举足轻重的作用。展示课后，每位同学对本组的研究仍然充满热情，纷纷表示本次综合实践活动课的经历对自己今后的学习和人生起着重要的作用。课后有两个小组，共 10 名同学将研究过程制成海报参加了学校举办的“idears 课程节”，并获得一、二等奖的好成绩，向全校师生展示了他们的研究过程、成果和收获。

总的来说，本门课程的“研究性”彰显较好，值得今后的课程借鉴和发扬。

课题的确立彰显研究性：该课题是基于学校的实际情况，学生结合自身的兴趣，在学习和查阅资料基础上生成的，比较具有研究价值。

核心问题的表达彰显研究性：核心问题中有真实的可操作的学生活动，也有真问题，因此，它一直指引师生的教学活动。

研究过程彰显研究性：学生通过查阅资料生成问题、设置对照解决问题、研究过程不断生成新问题、改进实验解决新问题。

研究方法彰显研究性：对文献资料的查阅和借助专家资源帮助师生快速进入研究状态，少走弯路；数据的搜集、记录与整理的方法三个小组参差不齐，其中金懿志小组做得最好；基于现象或数据分析得出结论三组学生都做得很好。研究的成果意识较强，对实验现象的记录、实验报告等三组都做得较好。

教师的评价反馈彰显研究性：教师的评价完全是基于学生现场的活动，从科学研究的方法、精神等方方面面进行引导。

课堂生成的新问题彰显研究性：该课题研究过程将是一个长期的过程，本期的研究目的是发现和寻找关于防空洞食用菌栽培的真问题，课堂上学生生成了很多的新问题：我校防空洞是否真的不适合大多数食用菌的栽培？我校防空洞可以反季栽培某些食用菌吗？可以用于延缓食用菌的成熟周期吗？光波长影响食用菌的生长机制吗？如何管理病虫害？如何对防空洞进行消毒杀菌？在防空洞中真的不同批次的食用菌其出菇量会递减吗？能否借助防空洞天然的地下一层和二层不同的环境条件协调配合栽种食用菌？防空洞中栽培的食用菌在口感或营养价值方面与普通环境栽种的食用菌相同吗？对防空洞食用菌种植情况研究的观测指标可以具体到子实体和菌丝等不同阶段吗？例如，观察其颜色、大小、生长速度、菌柄粗细、褶皱多少等。菌袋的摆放位置与光照有无关系？

（三）反馈调整

结合自身和学生的反馈，本节课仍有以下三个突出的问题需及时改进。

一是老师和学生实验前查阅资料浮于表面。我们初次查阅资料仅仅是对食用菌栽培的大方向做了了解。实验推进的过程中，我们又停下来咨询专家和查阅资料，浪费了时间不说，前段时间实验的研究价值难以体现。这一点，今后一定要努力改变。

二是教师对学生搜集和整理数据缺乏指导性。三组学生都用了对照的原则设计了实验，在尽量控制无关变量等量的同时，每天采集了实验数据，但遗憾的是只有金懿志小组对数据用表格形式进行了汇总、统计和分析，其他两个小组仅是就每天采集的照片和数据进行展示。显然，两种方式一对比，我们希望得到更为直观的实验结果和结论。作为中学教师，科学研究的成果意识、课题的前瞻性、价值性、实验用具的缺乏、实验经费的闲置、处理实验数据的方法、指导学生查新的能力等都非常欠缺，我们只有通过不断走出去学习、请专家到校指导、自己反复体验和提炼，才能获得更大的进步。

三是教师的评价仍需历练，有时缺乏科学性。由于每位同学都有深刻的体验，在课堂上的表现非常积极，教师前半段给予的引导、评价较为恰当，后半段在有点着急下课的情况下，没能正确解读事先准备好的 PPT 上的资料的价值，于是在第三组学生展示完“探究光照对食用菌生长的影响”课题后，反思提升出现评价不科学现象。今后的综合实践活动课，尽量想办法让教师的评价更具体化、规范化、科学化。在评价过程可以尽可能调动学生和观课者参与评价，让不同的思维碰撞出火花。

由于本次课是课程的最后一次课堂教学，因此，采用了对学生实验报告书面反馈评价意见与学生个别交流相结合的形式进行，以便更加有利于学生在深度体验中的学习与发展。

防空洞条件对食用菌栽培的影响研究实验报告

姓名	金懿志（组长） 郭艳冬 黄嘉驹 周 航 叶珺燊 袁笠懞
实验目的	探究防空洞条件下光照的有无对同一菌种生长的影响
实验材料	平菇、金针菇菌包、无菌水
实验用具	温湿度测量仪、湿毛巾、白炽灯、喷水壶、种植架等
实验方法步骤	1．查阅相关资料，走访参观食用菌栽培中心、食用菌生产基地，了解相关栽培、灭菌、采摘的知识，进行相关理论知识的学习 2．网上采购平菇和金针菇的菌包 3．栽培管理、记录菌种生长状况 具体步骤： A1．将刚刚开封的金针菇菌种各一包分别同时放入防空洞有光、无光条件下 A2．每天定时喷水，观察高度、颜色，测量厚度变化，并拍照记录 B1．将刚刚开封的平菇菌种各 3 包（单开、双开、全开）分别同时放入防空洞有光、无光条件下 B2．每天定时喷水，观察高度、颜色，测量厚度变化，并拍照记录 A3、B3．将得到的照片以及数据汇总，进行整理筛选，制成表格，对比在有光无光条件下防空洞金针菇和平菇的生长状况 4．观察记录实验现象 5．分析实验结果，得出实验结论 6．展示汇报实验成果

实验记录

数据 时间	温度		湿度		菌盖颜色		菌盖褶皱		菌盖粗细	
	有光	无光	有光	无光	有光	无光	有光	无光	有光	无光
5 月 9 日	14℃	14℃	87%	87%	未出菇	未出菇	未出菇	未出菇	未出菇	未出菇
5 月 10 日	15℃	15℃	87%	87%	未出菇	未出菇	未出菇	未出菇	未出菇	未出菇
5 月 11 日										
5 月 12 日										
5 月 13 日	14℃	14℃	84%	84%	有光>无光		有光<无光		有光<无光	
5 月 14 日	15℃	15℃	85%	85%	有光>无光		有光<无光		有光<无光	
5 月 15 日	14℃	14℃	86%	86%	有光>无光		有光<无光		有光<无光	
5 月 16 日	14℃	14℃	84%	84%	有光>无光		有光<无光		有光<无光	
5 月 17 日	15℃	15℃	84%	84%	有光>无光		有光<无光		有光<无光	

（续表）

实验结论	有光条件下： 菌盖颜色深、菌盖无褶皱、菌柄较细、口感较好 无光条件下： 菌盖颜色浅、菌盖有明显的褶皱、菌柄较粗、口感较差
实验反思与进一步研究方向的思考	实验反思 通过实验得出在防空洞中光照条件有助于食用菌的生长 类此联想 绿色植物光合作用主要吸收红光和蓝紫光 提出问题 不同波长的光对食用菌的生长有怎样的影响 研究方向　确定未来 防空洞环境下，光源波长对食用菌生长的影响

食用菌的防空洞不同区域种植研究

川大附中项目课程开发实施规划纲要

课程首席教师　李想韵（生物组）
课程参与教师　毛　楠　郑红梅（生物组）

<table>
<tr><td>课程名称</td><td colspan="8">食用菌的防空洞不同区域种植研究</td></tr>
<tr><td>课程类型
（勾选）</td><td>√</td><td>必修的综合实践
活动课程</td><td></td><td>必修的
劳动课程</td><td></td><td>选修的
学样课程</td><td></td><td>选修的
校本课程</td></tr>
<tr><td>实施对象</td><td colspan="3">高二年级学生</td><td colspan="3">建议选课学生人数</td><td colspan="2">15 人</td></tr>
<tr><td>课程课时
及上课时段</td><td colspan="8">5 次 10 课时，划定课程时间</td></tr>
<tr><td>课程背景</td><td colspan="8">（一）课程开设背景分析
防空洞是我校独特的硬件条件。在上一届师生的共同努力下，已研究发现防空洞适合于食用菌的栽培，在研究中又陆续发现了很多问题，如：①种植反季节蘑菇有何经济价值？②如何除菌、除虫，让其能持续采摘突破 6 个月？③利用防空洞哪一个区域来种植食用菌的效果更好？④选择菌株还是子实体作为观测指标更恰当？⑤综合考虑口感和营养价值，什么时间更适合采摘？⑥为什么食用菌在黑暗条件下不依靠光合作用也能生长？我们综合考虑了课题开展的时间，10 月份防空洞内外温差并不大，反季节研究可放到下学期开学（冬季时）再进行；观测指标如何选择以及有机物从何而来等问题，在研究过程中通过查阅文献或分析实验结果的过程得以解决；将后续研究的大方向确定为：如何利用防空洞不同区域进行种植，使食用菌的长势更好、持续收获的时间更长、收获次数更多？新高二的学生将在上一届学生研究成果和教师提供参考资料的基础上，沿着我们初步确定的大方向进行更深入和细致的探究
（二）课程资源背景分析
1．硬件资源背景：我利用暑假在自家的储藏室模拟了防空洞的黑暗密闭阴凉的环境进行榆黄菇和平菇的种植试验，有新的收获，也发现了新的问题；我们学校防空洞具有独特的地下一二层不同环境（光照、湿度、通风情况等）条件；数字实验室和计算机教室可以辅助学生完成资料查询和实验方案的设计
2．人力资源背景：上一个年级在曾声蓉、晏玉红和杨帅老师的带领下，研究发现我校防空洞很适合栽培食用菌，并且已初步筛选出适合在防空洞栽培的菌种
（三）学生背景分析
1．知识储备方面：经过一年的高中生活和学习，高二学生的高中生物学大部分实验课程的学习已经完成，已明确实验设计的原则、基本方法、相关实验操作的注意事项，具备了一定的实验设计、操作和实验结果的分析能力。（显性的知识性知识）</td></tr>
</table>

（续表）

<table>
<tr><td>课程背景</td><td colspan="6">2．研究素养方面：我校的办学特色是“培养—研究型”大学附中，学生通过高一一年的学习，已基本具备研究的基本素养。对于教材中要求的实验都是已被安排好的实验课题，“选择课题前要做一些怎样的准备工作？（例如：怎样搜集和筛选前人的研究成果、发现当今的热点问题？就会涉及怎样查阅文献、做调查和访谈等，以及如何处理和分析搜集到的信息？）所选课题的价值和意义何在？如何服务于我们的生产和生活？解决相关问题，除了选择教材安排的课题，能否考虑其他课题？……”等等问题都是我们在平时的实验教学中很少思考的问题。（缄默的研究素养基础）
3．研究意愿方面：以前我们带领学生制作过酸奶、果酒和果醋等，发现一直以来学生对于生活中可以食用的材料都非常感兴趣，都希望有一天能自己获取原材料并亲自制作出美食。（缄默的情感、态度、价值观）</td></tr>
<tr><td>课程内容
（核心问题）</td><td colspan="6">基于文献和预实验，设计实施食用菌在防空洞不同区域的种植研究方案，完成研究报告。
问题：
（1）预实验研究发现的问题
（2）防空洞食用菌后续研究方案如何确定
（3）如何开展相关问题的研究
活动：分析、确立、展开研究</td></tr>
<tr><td>课程目标</td><td colspan="6">（一）结果性目标
1．搜集并整理上一届学生的研究成果及待解决的问题，查阅文献，设计预实验方案
2．分析文献及调研报告数据，确立后续研究方案
3．撰写开题报告，展示、交流、接受现场答辩，评价预实验方案
4．据答辩修正后的方案展开正式实验，呈现实验报告和新发现的问题，提升理性思维核心素养
（二）体验性目标
1．通过查阅文献、设计预实验方案、开展实验及分析调研报告的数据，体验科学探究各环节之间的关联
2．通过分析实验有关各种结果产生的原因，体验实验结果与环境条件之间的关联
通过展开后续实验，进一步分析实验结果并再次发现新问题，体验科学探究是一个不断深入探索的过程</td></tr>
<tr><td rowspan="5">课次计划</td><td>课次</td><td>主题</td><td>研究环节</td><td>学生活动</td><td>课前课后任务</td><td>活动地点</td></tr>
<tr><td rowspan="4">1</td><td rowspan="4">提出问题：整理上一届问题，分析文献，确定预实验研究方向</td><td>发现问题</td><td>回顾上一届同学发现的问题，并对问题进行归类整理</td><td rowspan="4">课前：分析文献和上期实验报告成果
课后：进行预实验，观察并记录实验结果，分析确定后续研究方向，撰写开题报告</td><td rowspan="4">生物数字实验室</td></tr>
<tr><td>组建团队</td><td>根据研究的菌种进行分组</td></tr>
<tr><td>尝试查新</td><td>围绕问题查阅资料</td></tr>
<tr><td>初步定向</td><td>确定本组要继续深入研究的内容</td></tr>
</table>

（续表）

<table>
<tr><td rowspan="12">课次计划</td><td>2</td><td>解决问题 1：做开题报告，确定正式研究方向</td><td>预实验</td><td>展示前期工作，接受现场答辩，讨论并确定后续研究方向</td><td>课前：制作 PPT，准备答辩
课后：按拟定的研究方案购买实验器材，展开正式实验</td><td>科技楼多功能厅</td></tr>
<tr><td>3</td><td>解决问题 2：形成正式的研究方案</td><td>正式实验</td><td>根据开题答辩场上老师同学提出的建议，按正式实验方案，展开正式实验</td><td>课前：记录并分析实验结果，汇总、整理数据
课后：对实验方案做进一步调整和修正</td><td>防空洞</td></tr>
<tr><td rowspan="4">4</td><td rowspan="4">反思提升：研究报告的生成</td><td>记录数据</td><td>每天记录菌种的生长情况</td><td rowspan="4">课前：完成汇总并分析实验结果
课后：撰写实验报告</td><td rowspan="4">防空洞，数字实验室</td></tr>
<tr><td>分析数据</td><td>分析记录的数据</td></tr>
<tr><td>反思研讨</td><td>基于相关数据形成原因</td></tr>
<tr><td>撰写成果</td><td>生成研究报告</td></tr>
<tr><td rowspan="3">5</td><td rowspan="3">评价反馈：研究成果的展示交流与总结</td><td>自评互评</td><td>分组展示，交流与评价</td><td rowspan="3">课前：撰写实验报告，制作 PPT
课后：完善报告，成果打包汇总并上传</td><td rowspan="3">生物数字实验室</td></tr>
<tr><td>修改报告</td><td>据组间意见修改报告</td></tr>
<tr><td>资料入库</td><td>汇总、整理研究过程资料</td></tr>
<tr><td>学生作品</td><td colspan="6">搜集筛选文献资料、预实验方案及结果、开题报告及 PPT、正式的实验方案、研究报告</td></tr>
<tr><td>评价方式</td><td colspan="6">小组互评，教师和观课人员评价选题及实验方案的设计、反思修正实验方案和报告等</td></tr>
<tr><td>安全保障</td><td colspan="6">加强安全教育（包括防空洞和实验室安全、课后活动安全），建立小组活动安全保障机制</td></tr>
<tr><td>条件保障</td><td colspan="6">课程开发组外部保障：加强自我保护，教师加强监督管理
课程开发组内部保障：建立安全预案，加强安全教育，建立安全评价机制</td></tr>
<tr><td>开发次第</td><td colspan="6">课程为首次开发</td></tr>
<tr><td>课程审批</td><td colspan="6">1. 课程教学处：　签　章　年　月　日
2. 学生发展处：　签　章　年　月　日</td></tr>
</table>

食用菌的防空洞不同区域种植研究
调研成果的展示交流与改进

一、教学分析设计

（一）活动分析

上一届同学已利用我们学校防空洞独特的环境展开了食用菌种植的研究，提出了一些新的问题，我们将基于这些问题开展后续研究，但一个科研课题的确立不是凭空想象，而是需要科学的证据和事实数据做支撑，我们的研究才有继续开展的价值。因此，我们需要基于上一届学生经过一学期研究后的成果和教师暑期准备试验，进一步整理问题，并查阅相关的文献资料，缩小研究范围，细化研究方向，展开平菇、金针菇和榆黄菇的防空洞不同区域的预实验，以便找准下一步研究的具体方向。

（二）学生分析

经过一年的高中生活和学习，高二学生的高中生物学大部分实验课程已经完成了学习，他们已经明确了实验设计的原则、基本方法、相关实验操作的注意事项，具备了一定的实验设计、操作和实验结果分析的能力；在高中生物选修一教材的指引下，我们曾带领学生制作过酸奶、果酒、果醋等，发现一直以来学生对于生活中可以食用的材料非常感兴趣，都希望有一天能自己栽培出各种美食的原材料，甚至品尝到自己亲自酿造的美食。一个课题的确立不是凭空想象，而是需要充分的事实、有说服力的科研数据等做支撑，让大家心服口服地展开最具价值的研究，相信每一个小组的同学都希望自己选定的课题能马上得以实施，我想这也是他们进行本次课程探索的又一动力。

（三）目标分析

根据本课程规划纲要中确立的课程教学目标，基于本次课的活动分析及学生分析，撰写本次课的教学目标如下：

结果性目标：

1. 搜集并整理上一届学生的研究成果及待解决的问题，查阅文献，设计预实验方案；

2. 分析文献及调研报告数据，确定后续研究方案；

3. 撰写开题报告，展示、交流、接受现场答辩，评价预实验方案；

4. 据答辩修正后的方案展开正式实验，呈现实验报告和新发现的问题，提升理性思维的核心素养。

体验性目标：

1. 通过查阅文献、设计预实验方案、开展实验及分析调研报告的数据，体验科学探究各环节之间的关联；

2. 通过分析实验有关各种结果产生的原因，体验实验结果与环境条件之间的关联；

通过展开后续实验，进一步分析实验结果并再次发现新问题，体验科学探究是一个不断深入探索的过程。

（四）资源分析

本次课为室内的展示交流课，所用主要教学资源如表1所示。

表 1

教学资源	选用意图	来源
平板	处理数据，拍照、摄像、分享研究过程性成果、播放课件	科大讯飞
PPT、投影	用于教学导入及小组展示交流	学校多媒体设备
黑板	整理学生发言要点、提炼选题的一般思路及方法等	科技楼多功能厅

（五）主题分析

按课程规划纲要的课次规划，基于上一届师生的研究成果，将本次课的活动主题确定为：食用菌的防空洞不同区域种植研究的开题报告。

二、教学实施设计

（一）教学环节

按课程规划纲要的课次规划，本次课为核心问题教学中的解决问题环节，其中包括课程回顾与引入、小组展示、交流答辩、反思提升四个子环节，具体教学设计如表2所示。

表 2

活动环节	学生活动	教师活动	设计意图
课程回顾与引入（3min）	聆听，思考，做展示和答辩准备	简要回顾前期准备工作和目前正在进行的研究	明确本节课要解决的核心问题
小组展示（25min）	分三个小组展示： 1. 查阅文献及文献分析过程 2. 实验数据采集过程分析 3. 预实验调研报告分析 4. 预实验方案及实验结果分析 5. 确定后续实验方案	记录、整理，板书课题确定的一般思路	充分展示各小组确定课题的过程和思路，进行成果表述
交流答辩（7min）	接受小组提问，进行辩论，阐明自己的选题理由，并回答现场老师提出的问题	记录各组选题理由和答辩结果	发现新问题，修正方案，为确定后续研究方向做铺垫
反思提升（5min）	讨论交流，确定课题	引导学生选定课题，并提炼课题表述的方法	提炼课题确立的一般思路和调查研究的常见方法，进一步提升理性思维核心素养

（二）评价预设

活动中学生的参与性：小组分工细致，每一位同学都为研究做出了具体的贡献

实践性：查阅文献、做人群和市场调查、实验操作、应用于生活

研究性：思考并分析文献、调查结果、实验结果等

综合性：研究中有学科交叉，除生物学外还需用数学、化学知识

（三）板书设计（如图 1 所示）

防空洞食用菌种植后续研究开题报告

核心问题：基于文献和预实验，设计实施食用菌在防空洞不同区域的种植研究方案，完成研究报告。

一、课题确立的一般思路　　二、课题表述的一般方法

发现并整理问题　　调查法　　探究……（因素）对……的影响

访问法

根据问题思考解决办法　　文献法　　……方法（或条件）的探究

实验法

分组细化研究内容　观察法　利用……（条件）探索……（方法）

数据分析法

分组实践（预实验）

确定研究课题

形成初步成果和预期困难

（附板书）提出新问题：在师生讨论过程中生成。

金针菇组　平菇组

榆黄菇组

成果

问题

解决方案

及建议 a

后续研究课题：

1．……

2．……

3．……

（根据学生答辩和讨论生成并修正）

图　1

（四）教学流程（如图 2 所示）

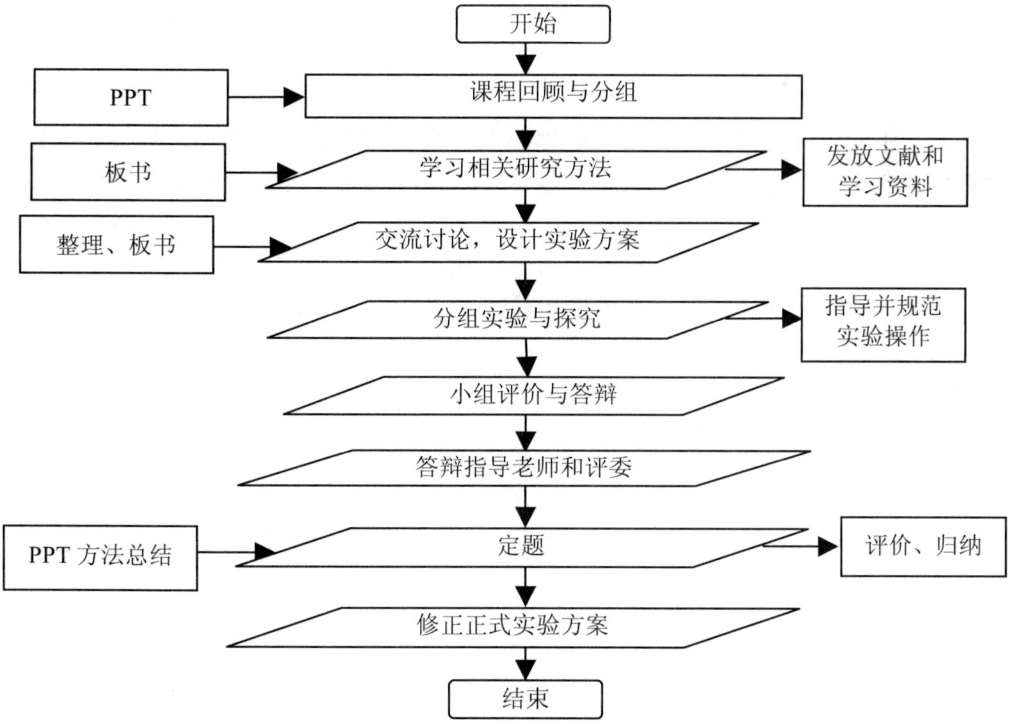

图　2

三、教后评价反馈

（一）信息搜集

课后搜集三个小组的研究报告。

（二）自我评价

通过本课程的开展，逐渐调动学生各方面的潜能，包括资料搜集能力、信息整理能力、数据处理能力、实验设计能力、实验分析能力、提出问题和解决问题的能力。

种植食用菌是为我们的生活服务的，我们将学校独具优势的防空洞利用起来，其独特的环境让某些食用菌栽培的成功率大大提高。日常生活中，学生只是吃过一些品种的菌类，但几乎没有亲自动手栽培过。上一个年级的同学已初步筛选出适合在学校防空洞栽培的几个菌种，但在栽培过程中又发现了很多新的问题有待解决。在这些新问题的驱动下，学生非常有兴趣去探索，想要逐个解决这些问题，想要亲自收获大量自己种植出来的纯天然的蘑菇。

要培育出品质好长势好的蘑菇并不是一门简单的技术，需要通过查阅大量的文献资料，明白了研究现状和存在的问题以及解决这些问题的一般方法，并在生活中进行调查考察，才能筛选出一个或几个最有研究价值的品种和最具探究价值的问题做进一步深入研究，这就涉及学生上述各种能力的训练和发挥，从而提升他们的综合素养。

此次课程共 15 名学生，分为三个小组，从搜集文献和问题、整理调查信息、处理并形成科学的有说服力的数据到展开预实验的结果，用事实做支撑，接受答辩修正方案，最终确定即将展开正式研究的课题。整个过程中都少不了明确的分工与合作，少不了不断地进行思维的碰撞。

在上一届同学进行首轮实验研究后提出的一系列问题要进行筛选，并最终确定一个后续研究课题，需要查阅和分析大量文献资料，但分析文献还远远不够，问题还要来源于真实的生活，从对调查报告进行设计、发放与回收、数据分析与处理，到我们防空洞已有条件的实地实践，才能最终摸索出可靠的实验方案以启动后续研究，同时也为此课题以后长期地深入研究摸索出一套思路和基本方法。

（三）反馈调整

本次课为开题报告课，旨在通过答辩和交流，进一步找准后续研究方向，完善实验设计，形成更严密的科研思维，让同学们深度体验到：科学研究是一个不断开拓、永无止境、从问题出发又发现新问题的不断创新的历程。这个过程中，不仅仅是体验了劳动的艰辛，更有收获成果时的快乐，同时还是社会责任和劳动意识不断强化的过程。

食用菌的防空洞不同区域种植研究之平菇的生长探究研究性学习开题报告

成思瑶　胡童鑫　彭宇思　唐可欣　张　瑞

一、选题的背景及意义

（一）研究背景

平菇的营养价值：平菇中氨基酸的种类十分丰富，经测定，它含有17种氨基酸，其中人体所必需的8种氨基酸它都含有。平菇蛋白质含量在20%左右，是鸡蛋的2.6倍，猪肉的4倍，菠菜、油菜的15倍。

平菇发展早，技术普及度高，农户种植面积大，市场大，工厂对市场暂时没有形成压倒性威胁，但行业竞争激烈程度更高。

防空洞内温度与湿度基本不受地表影响，长期保持稳定不变。我校防空洞春季温度稳定在15℃左右，湿度稳定在85%左右，较适宜食用菌的种植。

（二）研究意义

环境是人类生存和发展的基本前提。环境为我们生存和发展提供了必需的资源和条件。随着社会经济的发展，环境问题已作为一个不可回避的重要问题提上了各国政府的议事日程。保护环境，将废弃的防空洞利用起来，节约资源环境是每个人应尽的责任。

防空洞冬暖夏凉，平菇生产可以全年无休，更具有市场竞争力。在此基础上，研究出最适合的光照条件和养料配置保证蘑菇的产量。同时将废弃的防空洞利用起来，既节约资源又美化了防空洞。

二、研究的基本内容和拟解决的问题

研究的基本内容和拟解决的问题主要有以下几点。

（1）探究光照条件对平菇产量 / 出菇次数的影响；

（2）探究湿度对平菇产量 / 出菇次数的影响；

（3）探究养料对平菇产量 / 出菇次数的影响。

根据研究的基本内容可构建研究框架如下。

（一）引言

废弃的防空洞是极大的一个资源，如何利用成了一大问题。为了有效利用防空洞空间和环境，在防空洞里种植蘑菇成了最好的选择。平菇是生活中最为常见的食用菇之一，具有很高的市场价值。因此，如何用防空洞现有环境条件增大平菇产量？对此我们展开了相应的研究。

（二）观察记录（如表 1 所示）

表 1

	’ -1FA 区	’ -1FB 区	’ -2FA 区	-2FB 区
2019.10.10	无	无	21℃/68%	21℃/68%
2019.10.11	无	无	21℃/68%	21℃/68%
2019.10.12	21℃/69%	21℃/68%	21℃/68%	21℃/69%
2019.10.13	无	无	无	无
2019.10.14	21℃/69%	21℃/70%	21℃/68.5%	21℃/70.5%
2019.10.15	21℃/70.5%	21℃/70.3%	21℃/69%	21℃/71%
2019.10.16	21℃/50%	21℃/62%	21℃/59%	21℃/69%
2019.10.17	21℃/69%	21℃/64%	21℃/62%	21℃/66%
2019.10.18	21℃/64%	21℃/65%	21℃/60%	21℃/64%

每日观察记录数据（平菇生长状况）（如图 1 所示）

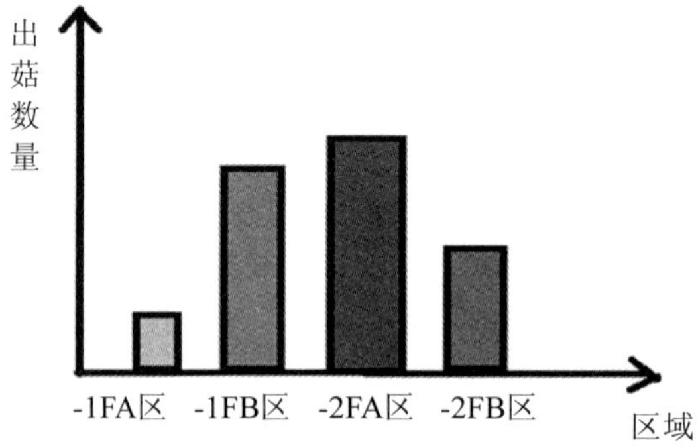

图 1

发现：我们在实验中每天中午一点都给平菇浇水，但一般到下午七点左右就吸收完全了，且浇湿的毛巾也是迅速变干。可以看出：平菇生长环境急需水分。

在-2FB 区中（完全无光），生长的平菇出菇缓慢，且子实体的菌柄细长，菌盖小且泛白，而在-1FA 区（强光）下生长的平菇出菇时间同样缓慢。

（三）讨论总结

光照：适宜在弱光下生长，光照不宜过强或完全无光。强光下平菇出孢时间长，生长缓慢，个头矮小，而无光下平菇菌柄粗壮长于普通平菇。

湿度：适宜在略潮湿的区域生长，干燥环境会使平菇枯死，并且要时刻保持其湿度。

栽种方式：立式栽种比横式更容易出孢生长。立式栽种无论是出孢速度还是出菇数量都优于横式。

建议：在较潮湿、弱光（灯光）、不通风的-2FA 区采用立式种植。

（四）问题/不足

养料研究过于单一，只有采取多养料实验。
后续研究方向
在-FA 区进行多养料试验，探究不同养料对平菇生长的影响。

三、研究方法及措施

本文拟采用文献法、访问法的方法来探讨防空洞种植平菇的相关研究，其具体实施方案如下。

1．搜集和查阅大量国内外学者关于防空洞种植平菇的研究（平菇产量的影响），运用文献和理论分析法梳理总结相关的理论，包括立式和横放；适宜温度；适宜湿度；适宜光度对产量的影响。

2．运用实验分析法来分析/验证立式和横放；适宜温度；适宜湿度；适宜光度对产量的影响。

具体如下：
第一次预实验设计：
1．（2019.10.9）将防空洞分四个区域进行种植
-1FA 区：光照好、通风
-1FB 区：弱光照、通风
-2FA 区：不通风、弱光（灯光）、略潮湿
-2FB 区：不通风、潮湿、无光
2．将两个菌包切成四块，分别标记为 A，B，C，D
（1）A：不加任何养料培养
（2）B：加入棉籽壳原料
（3）C：加入木屑 80%，麸 20%，水适量
（4）D：加入麦草
3．将两个菌包切成四块，分别标记为 E，F，G，H
（1）E：放在光照充足处
（2）F：放在阳光较弱处
（3）G：放在弱光处
（4）H：放在无光处
第二次预实验设计
Plan1：
1．将平菇分四个区域种植（每个区域三个），采取一立式二横式种植。
2．每天定期给菌包浇水并观察平菇出孢时间、高度、颜色、厚度；拍照记录。
3．汇总图片数据、得出结论。
Plan2：
1．将菌包拆开放入花盆并加入棉籽壳进行覆土栽培。（-2FA 区）
2．每天定期浇水并观察记录。

3．总结数据、得出结论

四、研究工作计划及进度

1．2019.8.1—9.28　教师搜集上一届研究成果和问题，并进行预实验，确定研究课题。

2．2019.9.29　本课题师生见面，共同商讨研究工作计划，分组、建群、发放参考资料。

3．2019.9.30—10.7　搜集和查阅国内外有关研究的文献资料，据此撰写文献综述，并同时构建预实验方案，撰写开题报告基本框架。

4．2019.10.8—12　按照预实验方案实施预实验，记录实验过程及产生的问题，及时查阅文献调整方案，解决问题。

5．2019.10.13—19　基于上述研究工作的完成，撰写开题报告。

6．2019.10.20—25　根据论文标准格式，形成初稿并制作 PPT。

7．2019.1.26—10.28　修改开题报告形成定稿，准备答辩。

8．2019.10.29　做开题报告，答辩、定后续研究方向。

9．2019.10.30—11.15 按正式实验方案展开研究，记录实验结果并查阅资料分析结构得出结论，撰写实验报告，制作 PPT。

10．2019.11.20　做汇报，接受答辩。

11．2019.11.21—25 修正并形成正式的实验报告。

12．2019.12.4 汇总并上交研究成果。

参考资料

[1] 朱顺熠. 内部控制的概念综述[J]. 中国乡镇企业会计，2013（12）：185-186.

[2] 黄斐明. 防空洞栽菇技术研究初探[J]. 惠州学院学报，1991（3）：47-49.

[3] 王宝印、王振学. 防空洞一年四季平菇栽培技术[J]. 中国农技推广，2014（8）：28-29.

[4] 姚国辉、王静岩. 平菇栽培种的小经验[J]. 农业科技通讯，2010（1）.

[5] 于培海、王俊霞、蒋万兵、王昆华. 平菇栽培中出现的问题及防治措施[J]. 宁夏农林科技，2009（10）.

学校防空洞食用菌种植之抑菌研究

川大附中项目课程开发实施规划纲要

课程首席教师　胡文文（生物组）
课程参与教师　余宏斌　田时平（生物组）

<table>
<tr><td>课程名称</td><td colspan="8">学校防空洞食用菌种植之抑菌研究</td></tr>
<tr><td>课程类型
（勾选）</td><td>√</td><td>必修的综合实践
活动课程</td><td></td><td>必修的
劳动课程</td><td></td><td>选修的
学样课程</td><td></td><td>选修的
校本课程</td></tr>
<tr><td>实施对象</td><td colspan="2">高一年级学生</td><td colspan="3">建议选课学生人数</td><td colspan="3">15 人</td></tr>
<tr><td>课程课时
及上课时段</td><td colspan="8">5 次 10 课时，划定课程时间</td></tr>
<tr><td>课程背景</td><td colspan="8">（一）课程开设背景分析
随着我国国民经济的快速发展，人们的生活水平随之提高，对食品的需求也随之提高。人们对绿色食品如低糖、低脂肪、高蛋白的食品需求日益旺盛，其中食用菌是营养丰富、味道鲜美的理想食品，还具有很高的药用价值。我校有闲置的防空洞，存在食用菌生存的自然条件，加以研究利用，可为全校师生提供日常餐桌美食
（二）课程资源背景分析
1．硬件资源背景：我校防空洞是水泥防空洞，占地面积大、有节能白炽灯照明设备、湿度较大，气温恒定为 14℃左右，适合食用菌的生长条件。所以，我校生物组就利用学校闲置的防空洞来开展学习和研究，期望通过栽培研究，后续投入实际生产，较大规模地培养出健康可口的食用菌，投入学校食堂，服务全校师生，产生一定的经济价值
2．人力资源背景：本校生物组在防空洞种植食用菌上，已经进行了两个阶段的研究。第一阶段：2019 年 3—6 月，曾声蓉、杨帅和晏玉红老师带领学生初步探究出防空洞栽培食用菌的条件，初步筛选出适合在防空洞栽培的菌种及防空洞栽培食用菌的一些优势。第二阶段：2019 年 9—11 月，李想韵、郑红梅和毛楠老师带领学生探究出防空洞中适合金针菇、平菇、榆黄菇种植的区域，但在研究过程中陆续发现了一个待解决的新问题：本校防空洞种植食用菌容易滋生杂菌，该怎么抑菌呢？对此，我们决定进行第三阶段的研究：基于文献和前两阶段研究成果，设计实验，探索学校防空洞食用菌种植中的抑菌问题
（三）学生背景分析
1．知识储备方面：经过高一上学期相关探究实验的学习，高一学生已明确实验设计的原则、基本方法、相关实验操作的注意事项，具备了一定的实验设计、操作和实验结果的分析能力</td></tr>
</table>

（续表）

<table>
<tr><td>课程背景</td><td colspan="6">2. 研究素养方面：我校的办学特色是“培养—研究型”大学附中，“以研究性课程和研究性教师培养研究性学生的特征”，学生在高一入学即参与综合实践活动研究性课程中来，具备研究的基本素养，但在研究方法的认识上还有待提高
3. 研究意愿方面：以前我们带领学生制作过酸奶、果酒和果醋等，发现一直以来学生对于生活中可以食用的材料都是非常感兴趣的，都希望有一天能自己获取原材料并亲自制作出美食，尤其是在学校防空洞种植食用菌的前两阶段的研究中，参与学生都表现出浓厚的兴趣。在研究中，生物学实验的设计与分析往往与数学、化学等学科相互交叉渗透，如绘制并分析曲线图和柱状图，能跳出学科限制，开阔思维，对于学生综合实践能力的提升具有重要的意义</td></tr>
<tr><td>课程内容
（核心问题）</td><td colspan="6">基于前期研究及预实验，确立课题，设计方案，探索学校防空洞食用菌种植中的抑菌问题，撰写研究报告。
问题：
（1）如何基于前期研究确定预实验
（2）根据预实验结果，如何确立课题
（3）如何基于课题设计探究实验方案
（4）如何基于预实验、探究实验撰写研究报告
活动：分析、设计实验、展开研究、撰写报告</td></tr>
<tr><td>课程目标</td><td colspan="6">（一）结果性目标
1. 搜集并整理前两阶段的研究成果及待解决的问题，设计并实施探究实验方案，种植食用菌，探索防空洞种植食用菌时的抑菌原理
2. 设计并实施验证实验
3. 撰写实验报告，展示、交流、评价研究过程
（二）体验性目标
1. 通过设计实验方案、开展实验及分析数据，体验科学探究各环节之间的关联；在科学探究的过程中，体验科学研究与劳动素养之间的关联
2. 在科学探究活动中，体验食用菌抑菌与环境之间的关联</td></tr>
<tr><td rowspan="5">课次计划</td><td>课次</td><td>主题</td><td>研究环节</td><td>学生活动</td><td>课前课后任务</td><td>活动地点</td></tr>
<tr><td rowspan="4">1</td><td rowspan="4">提出问题：课题研究方向：学校防空洞种植食用菌之抑菌研究
进行预实验：防空洞种植食用菌易染杂菌</td><td>发现问题</td><td>经老师介绍，熟知我校食用菌种植前两阶段所得成果及待解决的问题</td><td rowspan="4">课前：实验器材的准备
课后：成立小组，明确分工，准备实验器材</td><td rowspan="4">学校防空洞，数字实验室</td></tr>
<tr><td>组建团队</td><td>分组，确定小组成员</td></tr>
<tr><td>实验体验</td><td>参观学校防空洞，了解食用菌种植相关知识，确定课题研究方向，设计并进行预实验：防空洞种植食用菌会染杂菌</td></tr>
<tr><td>表达问题</td><td>防空洞种植食用菌真的易染杂菌吗？</td></tr>
</table>

（续表）

课次计划	2	解决问题：分析预实验结果并确定每组研究子课题；设计探究实验方案	初步研究	分组分析预实验结果，确定本组研究子课题，设计探究实验方案	课前：管理预实验，每天定时观察记录数据 课后：准备下次探究实验材料	学校防空洞，数字实验室
	3	解决问题：进行探究实验	进一步研究	进行探究实验	课前：完善探究实验方案，学习实验相关知识，准备实验材料 课后：坚持每天定时观察记录实验数据	学校防空洞，数字实验室，生物园地
	4	反思提升：整理实验数据，汇总实验结果，撰写研究报告	记录写实	完善前两次实验记录	课前：准备各种实验数据 课后：完善研究报告和 PPT	学校防空洞，数字实验室
			整理资料	汇总、整理研究资料		
			反思研讨	基于研究资料和数据，对食用菌抑菌有关问题进行反思、研讨与提升		
			撰写成果	撰写研究报告，制作汇报 PPT		
	5	评价反馈：研究成果的展示、交流总结、评价	分组展示	分组展示，交流与评价	课前：完善研究报告和 PPT 课后：完将成果打包汇总并提交学校学生发展处	科技楼 6 楼
			自评互评	交流与评价		
			修改报告	完善报告		
			资料入库，申请认定	汇总、整理过程资料，准备提交学校学生发展处		
学生作品	1．实验设计方案 2．研究报告及 PPT					
评价方式	1．生生互评、师生间的多向、多元评价；观课人员评价 2．研究报告的评定					
安全保障	加强安全教育（包括防空洞和实验室安全、课后活动安全），建立小组活动安全保障机制					
条件保障	课程开发组外部保障：加强自我保护，教师加强监督管理 课程开发组内部保障：建立安全预案，加强安全教育，建立安全评价机制					
开发次第	课程为再次开发					
课程审批	1．课程教学处：　　签　章　　年　月　日 2．学生发展处：　　签　章　　年　月　日					

学校防空洞食用菌种植之抑菌研究成果的展示交流

一、教学分析设计

（一）活动分析

本次课程为学校的系列课程，之前已经进行了两阶段的研究，现在进行的是第三阶段的研究，而本次课为该阶段研究的第五次课。

回顾该系列课程的前两阶段研究：第一阶段，探究出防空洞栽培食用菌的条件，初步筛选出适合在防空洞栽培的菌种及防空洞栽培食用菌的一些优势。第二阶段，探究出防空洞中适合金针菇、平菇、榆黄菇种植的区域，但在研究过程中陆续发现了一个待解决的新问题：本校防空洞种植食用菌容易滋生杂菌，该怎么抑菌呢？对此，我们决定进行第三阶段的研究：基于前期研究成果和待解决的问题，设计实验，探索学校防空洞食用菌种植中的抑菌问题。

回顾本阶段研究的前四次课：第一次课，学生了解我校防空洞种植食用菌的研究进展及待研究的问题——抑菌问题。聆听讲解，习得防空洞种植食用菌的原理和方法，着手种植食用菌，体验防空洞种植食用菌时存在染杂菌的现象。第二次课，分析前一次体验实验的结果，意外地发现现阶段防空洞种植食用菌不易染杂菌，分析原因，竟是前后洞内的环境清洁程度导致。对此，提出新的研究问题，探究洁净防空洞种植食用菌时的自然抑菌原理。分小组确立小组研究子课题（子课题 1：防空洞内杂菌菌群研究；子课题 2：探究防空洞种植食用菌时的自然抑菌条件；子课题 3：与洞外相比，防空洞种植食用菌在抑菌方面的优势研究）。设计研究方案，准备实验材料。第 3 次课，进行探究实验，定期记录相关数据，三组研究分别先后进行。第 4 次课，整理分析实验数据，分工制作展示交流 PPT，撰写研究报告。

在前四次课的基础上，本节课为课程核心问题教学的评价反馈环节，分组展示防空洞种植食用菌之抑菌研究成果，展开自评他评，整理研究资料入库，提交学生发展处。因此，本次课主题中的活动内容确立为“各小组抑菌研究成果”的展示、交流与评价。

（二）学生分析

经过近一年的高中学习，该课题学生已经具备了一定的科学实验设计能力、数据处理能力、实验结果分析能力，且对防空洞种植食用菌研究非常感兴趣。对此，课程老师悉心指导各小组学生，积极展开实验设计、进行实验、数据处理与分析，进一步提升学生科学探究能力。本次课旨在通过分组展示成果，自评和他评，既充分肯定学生的科学探究能力，获得一定的成就感，又吸取他人的建议和意见，完善自己的研究，优化研究报告。

本次课主题中的学生活动方式主要为展示、交流、评价。

（三）目标分析

根据本课程规划纲要中确立的课程教学目标，基于本次课的活动分析及学生分析，撰写本次课的教学目标如下。

结果性目标：能投入研究成果的展示、交流与评价活动，能正确认识、评价自己的成果，吸取他人有关科学研究的建议，为后续研究打好基础。

体验性目标：在成果的展示、交流、评价与改进活动中，体验实验结果与实验目的、实验设计、实验过程之间的关联；体验实验数据分析与实验目的之间的关联；体验成果呈现与表达能力、信息素养之间的关联。

（四）资源分析

本次课为室内的展示交流课，所用主要教学资源如表 1 所示。

表 1

教学资源	选用意图	来源
平板	辅助推进教学环节，展示图片相互评价等	科大讯飞
PPT、投影	用于教学引入及小组展示交流	学校多媒体设备
黑板	板书本堂课活动中的关键信息，呈现学生观点、辅助教师提升讲解	学校教室

（五）主题分析

按课程规划纲要的课次规划，基于前面对本次课程活动与学生的分析，将本次课的活动主题确定为：研究成果的展示交流与改进。

二、教学实施设计

（一）教学环节

按课程规划纲要的课次规划，本次课为核心问题教学中的评价反馈环节，其中包括自评互评、修改报告、资料入库及申请认定四个子环节，具体教学设计如表 2 所示。

表 2

教学环节	学生活动	教师活动	设计意图
教学引入（约 4min）	跟着教师回顾前 4 次课的研究情况，明确本次课的学习任务	分别介绍前四次课的研究，引出本次课的学习任务：分组进行展示，交流各组的研究过程，汇报成果、交流与讨论	带学生回顾前 4 次课的研究情况，帮助学生快速进入本次课的学习活动状态，明确本节课的主要任务

（续表）

教学环节	学生活动	教师活动	设计意图
展示交流（约 25min）	分小组展示： 第 1 组展示：本组子课题——防空洞中微生物菌群研究；该课题的确立过程、实验设计、实验过程、结果分析、结论分析 第 2 组展示：本组子课题——探究防空洞种植食用菌的自然抑菌条件；该课题的确立过程、实验设计、实验过程、结果分析、结论分析 第 3 组展示：本组子课题——与外界环境比较，防空洞种植平菇在抑制杂菌方面的优势研究；该课题的确立过程、实验设计、实验过程、结果分析、结论分析	引导同学们的展示与交流活动，记录并整理各组展示交流要点，归类板书	本课次要求在“学校防空洞种植食用菌之抑菌研究”这个总课题的指导下，分小组展示从不同角度来展开的抑菌研究过程及成果，提升其研究的能力和素养，突出我校“以研究性课程和研究性教师培养研究性学生”的办学特色
自评互评（约 7min）	学生基于在各组展示交流时的思考与记录，对本组或他组的研究成果及展示进行评价，教师对小组研究进行评价	参与、引导同学们的自评互评活动	通过小组间的自评、互评和师评，提升学生敢于质疑、勇于探索、乐于沟通等研究素养
课堂小结，反思提升（约 4min）	学生记录、思考教师提升内容	教师对系列课程研究思路、研究方法、后续研究方向、学生综合素养进行归纳提升，对研究过程的表现给予充分肯定	教师总结、学生反思系列课程研究思路、研究方法、后续研究方向为后续研究打下基础
资料入库	汇总、整理研究过程资料	对学生课程资料的整理进行指导与点拨	通过对课程研究资料的满意、整理，进一步提升学生重视初评、关注过程、珍视成果的研究素养
申请认定	将研究资料提交学校学生发展处	辅助学生提交相关资料	通过提交研究资料，进一步提升学生寻求成果认定、实现社会价值的意识与能力

（二）评价预设

1．教学活动中对学生即时、口语为主的评价预设

教学引入环节：明确本节课的具体任务，让学生清楚这次课和前三次课的关联，对

前期准备工作做得较好的小组提出表扬，鼓励学生在本次课能大但发言、主动交流，营造积极的课堂氛围，激发学生的学习热情，实现演讲者与倾听者的共鸣，以达到本次课的目标。

展示交流评价环节：通过对小组展示、交流过程给予的激励性评价，促进学生进一步融入课堂，能主动进行有效记录，重点引导学生在语言表述、环节逻辑性上的把握，展现小组的合作能力，有效激活学生在交流展示时个性的体现，主动调用自己已有的知识处理临场的情况，使课堂中充满新的火花。

课题小结、反思提升环节：促使学生提炼科学研究一般过程和方法，提升自己的研究素养，为后续研究打下基础。

资料入库环节：鼓励学生重视研究资料搜集与整理的优良研究习惯与素养。

2．教学活动后的评价预设

从本课次教学目标，尤其是体验性目标达成情况的视角，对包括《写实记录表》在内的学生上交的研究过程资料以及研究报告、拟向学生处提交的《学校防空洞食用菌种植之抑菌研究》等研究成果进行评价，并及时反馈。

（三）板书设计（如图1所示）

学校防空洞食用菌种植之抑菌研究（第五次课）

——研究成果交流

课程核心问题：基于前期研究及预实验，确立课题和设计方案，探索学校防空洞食用菌种植中的抑菌问题，撰写研究报告。

一、科学研究的一般思路

发现问题，确定研究方向

选择研究方法：对照实验法、观察法、文献法、调查法……

设计并实施研究方案

结果分析，得出结论

二、综合素养

学生在展示交流中的要点，现场生成。

	第1组	第2组	第3组
提出问题			
解决问题			
结果结论			
后续研究			

图 1

（四）教学流程（如图 2 所示）

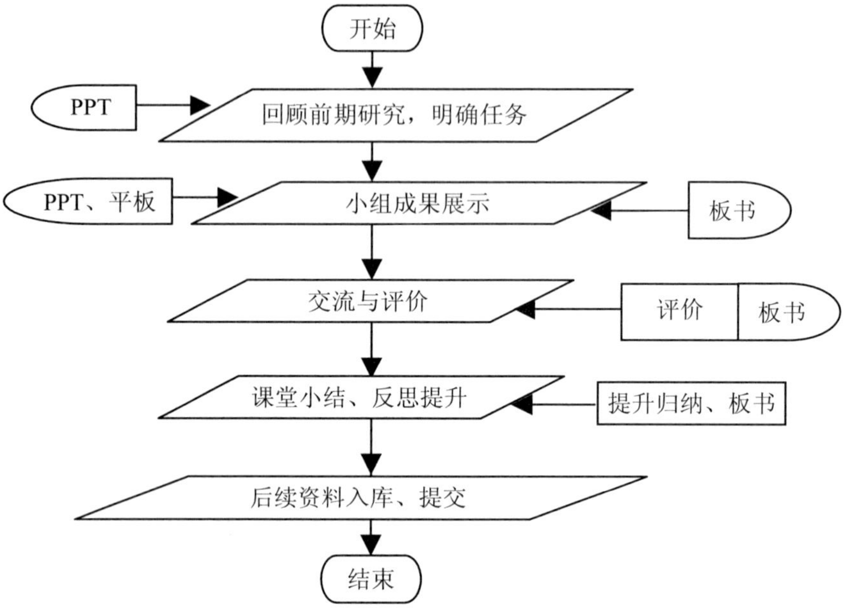

图 2

三、教后评价反馈

（一）信息搜集

课后认真观看了课堂录像，并进行了教学实录。

（二）自我评价

本课题研究共分 3 小组，下面以第 1 小组为例加以分析。

从问题的发现与提出看，第 1 小组成员通过对防空洞食用菌种植的已得研究进行分析，发现之前研究中还有一个待解决的新问题：本校防空洞种植食用菌容易滋生霉菌，该怎么抑菌呢？对此，确立了接下来的研究方向：基于前期研究成果和待解决问题，设计实验，探索学校防空洞食用菌种植中的抑菌问题。本小组先设计了预实验，观察种植食用菌过程中的染杂菌情况，但得到了与预期相反的结果，该次种植中，食用菌并未感染杂菌。分析发现，前期研究会染杂菌是因为防空洞内有很多垃圾，清洁度差，而此次未染杂菌是因为洞内干净。对此，本小组得出了结论：清洁的防空洞种植食用菌不易染杂菌。同时也提出了疑问：为什么防空洞种植食用菌不易染杂菌呢？是洞内杂菌很少吗？有哪些杂菌呢？所以，本小组决定继续研究防空洞种植食用菌的抑菌问题，确立本小组研究的具体内容为：防空洞中微生物菌群研究。通过分析已得研究和预实验，发现问题进而提出问题，与科学探究中的“问题的发现与提出”高度吻合，同学们在这样的问题的发现、提出与表达中获得了对如何从生活中发现并提出问题的深度体验，问题的提出与表达彰显了研究性。

从解决问题的过程看，同学们经历了如图 3 所示的研究过程。这一研究过程规范、完整，与科学探究中“发现问题—提出问题—选择研究对象—设计方案—实施探究—得出结论—分析结论”的过程高度吻合，同学们在这样的问题解决过程中获得了对从事科学研究的深度体验，问题解决过程彰显了研究性。

从研究总结这一反思活动看，本组同学通过研究成果展示交流课后，能主动吸取他组同学和老师们的建议，深化本组的研究，既对研究知识的反思与总结，又对研究过程中情感态度价值观的反思与总结，更对研究过程中发现的新问题进行反思与总结。同学们在这样的研究总结中获得了对科学探究精神和品质的深度体验，研究总结彰显了研究性。

以上仅是第 1 小组的研究及其研究性彰显的评议，其实，课堂上 3 个小组同学的展示交流中都充满了“研究”的元素，洋溢着“研究”的氛围，传播着“研究”的精神，闪烁着智慧的光芒，充分体现出涵养着生物学科研究素养的教师与学生共同开发与实施研究性课程的过程中，自然而切实地将生物课堂学习与课外综合实践深度融合和有机统筹。这样彰显科学探究的综合实践活动课程，既成就了研究性学生，也进一步成就了研究性教师和研究性课程，生动地诠释了如图 4 所示的“川大附中研究性文化”，有力地彰显了学校“培养—研究型”办学特色。

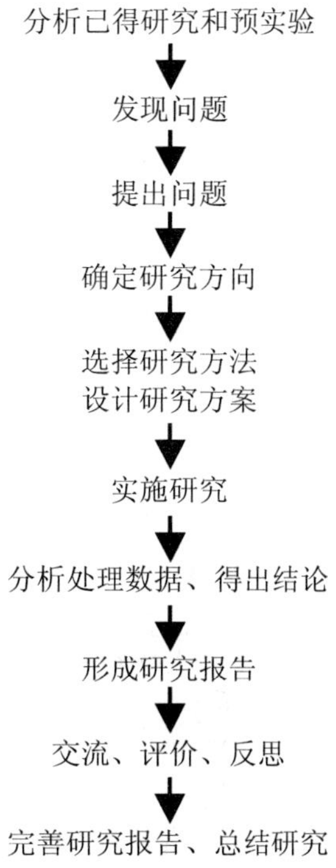

图 3　研究过程

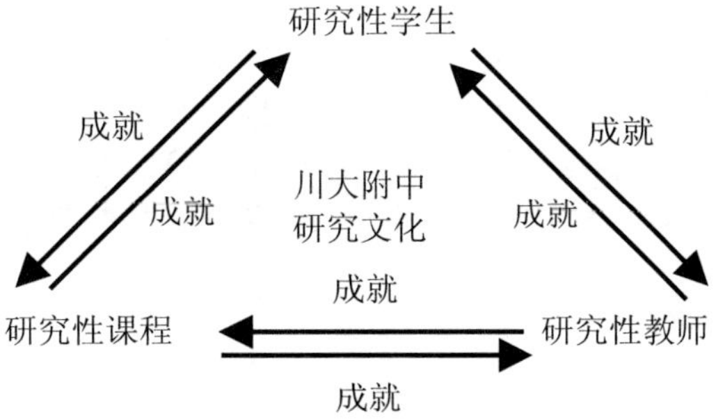

图 4　川大附中研究文化

（三）反馈调整

由于本次课是课程的最后一次课堂教学，因此，采用了对学生研究报告书面反馈评价意见与学生个别交流相结合的形式进行，以便更加有利于学生在深度体验中的学习与发展。

探究学校防空洞食用菌种植的自然抑菌条件

陈渐予　朱秋池　李星烨　郭袁鑫　吴思颐　申　晴　潘一乐

一、研究意义

随着我国国民经济的快速发展，人们的生活水平随之提高，对食品的需求也随之提高。人们对绿色食品如低糖、低脂肪、高蛋白的食品需求日益旺盛，其中食用菌是营养丰富、味道鲜美的理想食品，还具有很高的药用价值。我校有闲置的防空洞，存在食用菌生存的自然条件，加以研究利用，可为全校师生提供日常餐桌的美食。

二、研究背景及目的

我校防空洞是水泥防空洞，占地面积大、有节能白炽灯照明设备、湿度较大，气温恒定为 14℃～20℃左右，适合食用菌的生长条件。我校生物组利用学校闲置的防空洞来开展学习和研究，期望通过栽培研究，后续投入实际生产，较大规模培养出健康可口的食用菌，投入学校食堂，服务全校师生，产生一定的经济价值。

三、研究内容的确立

第 1 组同学已经研究出防空洞内的微生物种类和数量都比外界环境多，我们产生了疑问：为什么防空洞内微生物种类和数量多，而种植食用菌时却不易感染杂菌呢？我们猜测，很可能是防空洞内的温度等环境条件在一定程度上抑制了杂菌的生长，对此，确立本小组研究的子课题为：探究防空洞种植食用菌的自然抑菌条件。

四、研究方法、步骤

（一）研究方法

我们主要采用了对照实验法、文献法、观察法、调查法等。

（二）实验设计思路

1．采用对照实验法来探究湿度对防空洞微生物的影响

在相同温度下，不同的空气湿度条件下培养洞内微生物，观察其生长情况（因为实验条件的限制，我们没办法控制不同的湿度，所以就查阅文献，习得相关研究）。

2．采用对照实验法来探究温度对防空洞微生物的影响

由于空气中细菌最适宜的生长温度在 30℃～37℃之间，真菌最适宜的生长温度在 35℃～37℃之间，我们取其平均值在 32℃作为培养洞内微生物的第 1 个温度；防空洞中的实际温度 20℃作为培养洞内微生物的第 2 个温度；8℃较低温度作为培养洞内微生物的

第 3 个温度，三个温度之间梯度相同。在 32℃（较适宜）、20℃（防空洞实际温度）、8℃（低温）三种条件下培养洞内微生物，观察其生长情况。

（三）实验步骤

1. 准备培养基

熬制好牛肉膏蛋白胨培养基，移装锥形瓶，对培养基和培养皿等高压蒸汽灭菌，倒平板，最后制得 12 个平板。

2. 接种

9 个平板敞开放置于防空洞中，接种空气中微生物半个小时后盖住。另三个用作空白对照平板，后面将放于 32℃条件下恒温培养，以便检测制备的培养基灭菌是否合格。

3. 分组培养

9 个已接种的平板 3 个为一组，分别置于 32℃（适宜温度）、20℃（防空洞实际温度）、8℃（低温）下恒温培养。

4. 观察记录

培养 5 天后记录培养基菌的种类、数量，观察不同情况下细菌真菌生长的情况。

5. 结果分析

根据所记录数据研判分析出，温度影响洞内微生物生长的规律，防空洞实际的 20℃对洞内微生物的生长是起促进作用还是抑制作用；结合湿度，综合分析温度和湿度对洞内微生物的影响。

6. 得出结论

从洞内温度、湿度条件对杂菌生长的影响这方面总结出防空洞在种植食用菌时的自然抑菌原理。

五、研究成果

（一）数据整理

都经过 5 天的培养，各培养基菌种和菌落数目情况如表 1 所示。

表 1

温度	培养皿 1	培养皿 2	培养皿 3	平均值
32℃	5 种真菌 7 种细菌 约有 153 个菌落	4 种真菌 9 种细菌 约有 155 个菌落	5 种真菌 7 种细菌 约有 150 个菌落	4.7 种真菌 7．6 种细菌 约有 152.7 个菌落
20℃	2 种真菌 2 种细菌 约有 136 个菌落	2 种真菌 2 种细菌 约有 131 个菌落	3 种真菌 2 种细菌 约有 142 个菌落	2.3 种真菌 2 种细菌 约有 136.3 个菌落
8℃	0	0	0	0

防空洞空气中微生物在三种不同温度条件下的种类、数量曲线图如图 1 所示。

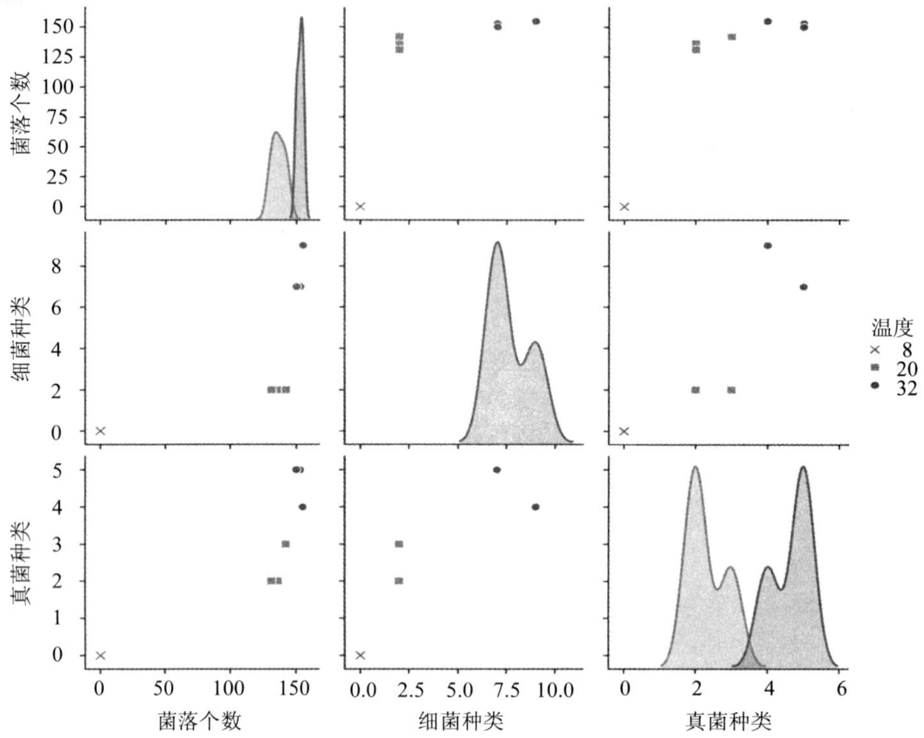

图 1

防空洞空气中微生物在三种不同温度条件下的数量箱型图如图 2 所示。

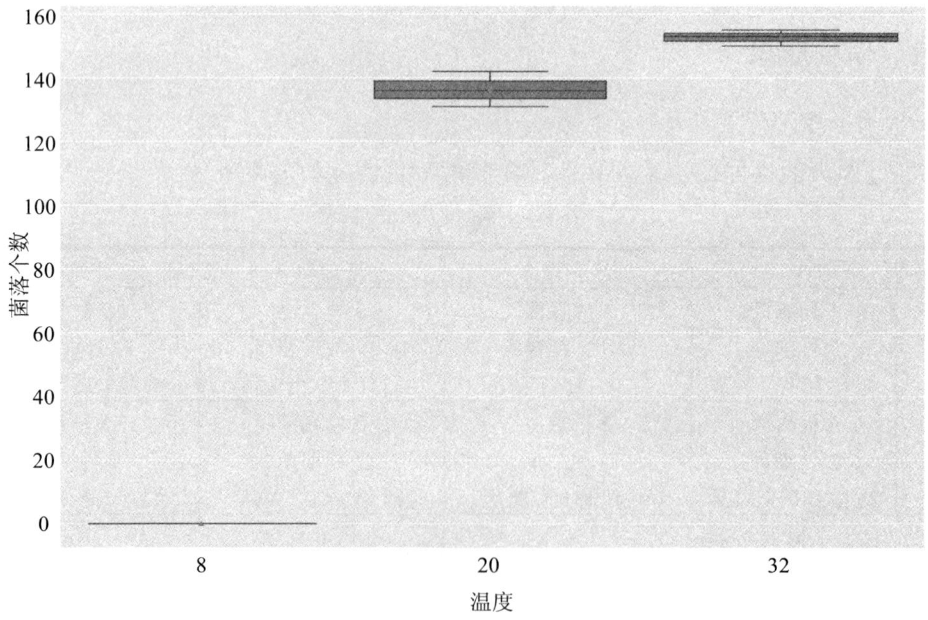

图 2

（二）数据分析

以上表格、曲线图、箱型图都反映出：在 32℃、20℃、8℃条件下，随温度降低，防空洞中微生物的种类和数量都减少，其生长越受到抑制，即当温度低于 32℃时，温度越低，洞中微生物越被抑制。防空洞中的实际温度是 20℃，这种较低温度一定程度抑制了洞内杂菌的生长[1]。

通过查阅文献，发现当空气湿度低于 90%时，湿度越低，微生物生长越被抑制；湿度越高，微生物生长越被促进。防空洞的实际湿度是 52%，较外界高，在一定程度上促进了洞内杂菌生长[2]。

从温度和湿度综合分析可看出，防空洞的实际温度约 20℃，较低温度一定程度抑制了杂菌的生长；湿度约 52%，较高湿度又促进了杂菌的生长。在食用菌种植时没感染这些杂菌，说明温度和湿度共同影响杂菌时，低温占了优势。

（三）得出结论

防空洞中的低温在一定程度上抑制了食用菌种植过程中的杂菌的生长。

六、再发现再研究

（一）新问题产生

除了防空洞空气中的杂菌，购买的菌包本身有没有杂菌呢？有的话它是怎样被抑制生长的呢？

（二）设计研究方案

前去菌包购买基地参观调查菌包生产整个流程，了解菌包本身携带杂菌可能性的大小，结果分析，得出结论。

（三）实施研究

前去菌包购买基地——成都市科创菌业有限公司参观调查。

（四）结果分析

购买的菌包还是有极少数杂菌，一方面防空洞的低温对其有一定抑制作用，另一方面结合我们平日课堂所学知识，也可能是食用菌和杂菌包上形成一种竞争关系，因为防空洞自然环境是食用菌生长温床，加之其数量多，在竞争中占绝对优势，淘汰了杂菌。

七、研究工作计划及进度

1．2020.5.12—教师介绍本课程前两阶段研究成果和问题，确立本阶段研究总课题，学生进行体验实验，分组、建群、查阅相关文献资料。

2．2020.5.12—18，每天定时观察实验现象，记录实验数据。

3．2020.5.19—分析体验实验结果并确定每组研究子课题；设计探究实验方案，准备实验材料。

4．2020.5.26—进行探究实验。

5．2020.5.26—6.2，每天定时观察实验现象，记录实验数据。

6．2020.6.2—整理探究实验数据，分析结果、得出结论。制作成果汇报 PPT。

7．2020.6.2—5，继续制作成果汇报 PPT。

8．2020.6.6—15，书写研究报告，为汇报交流课做准备。

9．2020.6.16—成果汇报与交流。

10．2020.6.23—课程资源包汇总并上交。

参考资料

[1] 王建，何金成，杨翔龙，等. 食用菌温室栽培的环境影响因子及控制系统[J]. 农机化研究，2006（5）：91-95.

[2] 于丽丽. 食用菌工厂化环境控制系统的研究[D]. 哈尔滨：东北农业大学，2015.

无土栽培

川大附中项目课程开发实施规划纲要

课程首席教师　胡文文（生物组）
课程参与教师　余宏斌　田时平（生物组）

<table>
<tr><td>课程名称</td><td colspan="8">无土栽培</td></tr>
<tr><td>课程类型
（勾选）</td><td>√</td><td>必修的综合实践
活动课程</td><td></td><td>必修的
劳动课程</td><td></td><td>选修的
学样课程</td><td></td><td>选修的
校本课程</td></tr>
<tr><td>实施对象</td><td colspan="2">高一年级学生</td><td colspan="3">建议选课学生人数</td><td colspan="3">15 人</td></tr>
<tr><td>课程课时
及上课时段</td><td colspan="8">5 次 10 课时，划定课程时间</td></tr>
<tr><td>课程背景</td><td colspan="8">（一）课程开设背景分析
无土栽培是近几十年来发展起来的一种作物栽培的新技术。作物不是栽培在土壤中，而是种植在溶有矿物质的水溶液（营养液）里，或在某种栽培基质中，用营养液进行作物栽培。只要有一定的栽培设备和有一定的管理措施，作物就能正常生长，并获得高产。无土栽培脱离了土壤的限制，极大地扩展了农业生产的空间，使得作物可在不毛之地上进行生产，其栽培的作物通常生长发育良好，产量高，品质上乘。和土壤栽培比较，具有一定的优势，该技术发展前景非常广泛，可产生一定的经济价值
（二）课程资源背景分析
1．硬件资源背景：我校生物实验室具有无土栽培的简易设备，生物教师具有相关技术的理论知识，可带领学生利用实验室简易的无土栽培设备，利用本校综合活动实践课的时间，培养蔬菜等农作物
2．人力资源背景：平时生活中学生在网络上、电视上都看到过无土栽培，平时所食用的某些蔬菜也是无土栽培的产物，使得学生对无土栽培有一定的了解
（三）学生背景分析
1．知识储备方面：经过初中和高一上学期的生物学学习，学生掌握了植物生长的相关理论知识，可为无土栽培技术的实施奠定理论基础
2．研究素养方面：我校的办学特色是“培养—研究型”大学附中，“以研究性课程和研究性教师培养研究性学生的特征”，学生在高一入学即参与综合实践活动研究性课程中，具备研究的基本素养，但在研究方法的认识上还有待提高
3．研究意愿方面：据老师的经验，只要涉及生产实践类、科学探究类、技术操作类的活动，学生都很感兴趣。本课程与生产实践和技术操作都相关，学生更是表现出浓厚兴趣。他们既能从生产实践活动中体验和巩固课本知识，也能体验科学技术的发展与生产实践之间的联系，还能体验生产劳动给人带来的快乐，享受劳动果实的喜悦</td></tr>
</table>

（续表）

<table>
<tr><td>课程内容
（核心问题）</td><td colspan="6">利用土壤栽培法、无土栽培法分别培养同种农作物，探究无土栽培的优势，撰写实验报告
问题：
（1）选定栽培的农作物后，如何进行无土栽培
（2）基于无土栽培优势研究的整个过程，如何撰写实验报告
活动：查阅资料、设计实验、展开研究、撰写报告</td></tr>
<tr><td>课程目标</td><td colspan="6">（一）结果性目标
1. 利用无土栽培技术培养一种农作物，总结出无土栽培法相对于土培法的优势
2. 撰写实验报告
（二）体验性目标
1. 在无土栽培活动中，体验课本理论知识与生产实践之间的关联；建立“科学技术与生活生产相结合”的关联
2. 在无土栽培的过程中，体验科学研究与劳动素养之间的关联</td></tr>
<tr><td rowspan="7">课次计划</td><td>课次</td><td>主题</td><td>研究环节</td><td>学生活动</td><td>课前课后任务</td><td>活动地点</td></tr>
<tr><td rowspan="4">1</td><td rowspan="4">提出问题：课题研究方向及问题的确立</td><td>发现问题</td><td>列举常规的土壤栽培农作物存在的缺点，提出种植蔬菜的现代化技术——无土栽培，和土壤栽培相比，其有什么优势</td><td rowspan="4">课前：了解第1次综合实践活动课的上课时间、地点、课题等相关信息。
课后：继续查阅无土栽培相关的知识</td><td rowspan="4">数字实验室</td></tr>
<tr><td>组建团队</td><td>分工，明确各成员的任务</td></tr>
<tr><td>尝试查新</td><td>查阅资料，了解无土栽培相关理论知识</td></tr>
<tr><td>表达问题</td><td>和土壤栽培相比，无土栽培有什么优势</td></tr>
<tr><td>2</td><td>解决问题：成员讨论，书写探究无土栽培优势的研究方案</td><td>初步研究</td><td>成员讨论，书写探究无土栽培优势的研究方案
准备实验器材：准备无土栽培和土壤栽培所需所有实验器材</td><td>课前：整理上次课查阅的相关资料；继续查阅无土栽培相关的知识。
课后：补充完善下次实验所需材料</td><td>数字实验室</td></tr>
<tr><td>3</td><td>解决问题：进行探究实验</td><td>进一步研究</td><td>进行探究实验：
①配制无土栽培营养液
②培植篮育苗、土壤育苗
③待幼苗成功育出，进行探究实验：选取长势良好的幼苗分为两组，一组继续在培植篮中培育，作为无土栽培组，另一组移植至土壤培育，作为土壤栽培组</td><td>课前：补充完善本次实验所需材料。
课后：经营管理所培植物，坚持每天定时观察记录温度、光照等环境条件，记录植物长势</td><td>生物实验室</td></tr>
</table>

（续表）

课次计划	4	反思提升：整理实验数据，汇总实验结果，制作成果汇报 PPT，书写实验报告	记录写实	完善上次探究实验记录	课前：准备各种实验数据 课后：完善实验报告和 PPT	数字实验室
			整理资料	汇总、整理研究资料		
			反思研讨	基于研究资料和数据，对无土栽培的优势研究进行反思、研讨与提升		
			撰写成果	撰写实验报告，制作汇报 PPT		
	5	评价反馈：研究成果的展示、交流总结、评价	展示成果	成果展示	课前：完善实验报告和 PPT 课后：完将成果打包汇总并提交学校学生发展处	科技楼 6 楼
			自评互评	交流与评价		
			修改报告	完善报告		
			资料入库，申请认定	汇总、整理过程资料，准备提交学校学生发展处		
学生作品	1．栽培出一种农作物； 2．实验设计方案； 3．实验报告及 PPT					
评价方式	1．生生互评、师生间的多向、多元评价；观课人员评价 2．实验报告的评定					
安全保障	加强安全教育（包括实验室安全、课后活动安全），建立小组活动安全保障机制					
条件保障	课程开发组外部保障：加强自我保护，教师加强监督管理 课程开发组内部保障：建立安全预案，加强安全教育，建立安全评价机制					
开发次第	课程为再次开发					
课程审批	1．课程教学处：　　签　章　　年　月　日 2．学生发展处：　　签　章　　年　月　日					

川大附中无土栽培技术
——实验结果的展示交流与评价

一、教学分析设计

（一）活动分析

本次课为本门课程的第五次课，通过前四次课的学习研究，学生查阅资料，了解无土栽培相关理论知识；讨论和书写探究无土栽培优势的研究方案；进行探究实验，比较了无土栽培和土壤栽培对农作物生长的异同；整理实验数据，汇总实验结果，制作成果汇报 PPT，形成本实验报告。本节课为课程核心问题教学的评价反馈环节，学生将展示、交流实验结果及研究感悟，展开自评他评；获得评价反馈后，修改、汇总、整理过程资料形成入库资料，提交学校学生发展处。

本次课主题中的活动内容确立为“实验结果和研究感悟”的展示、交流与评价。

（二）学生分析

学生在课程教师的悉心指导下，积极开展无土栽培理论知识的学习，探究方案的制定，探究实验的进行，整理并汇总实验结果，制作成果汇报 PPT。学生对于与生产实践相联系的操作性实验，具有浓厚的兴趣，体验科学技术的发展与生产实践之间的联系的同时，还能体验生产劳动给人带来的快乐，享受劳动果实的喜悦，所以，学生很渴望自己的研究成果能在展示交流中既得到同伴的充分肯定和鼓励，获得进一步的成就感，同时又得到同伴和老师们改进建议和意见，还能在展示无土栽培成果的活动中获得有益的启发，进而可将这些用于进一步优化无土栽培技术的适用范围。

本次课主题中的学生活动方式主要为展示、交流、评价。

（三）目标分析

根据本课程规划纲要中确立的课程教学目标，基于本次课的活动分析及学生分析，撰写本次课的教学目标如下。

结果性目标：能投入实验结果的展示、交流与评价活动，能基于评价反馈自发完善自己的实验报告。

体验性目标：在实验结果的展示、交流、评价与改进活动中，体验科学研究与劳动素养之间的关联，体验科学研究的一般进程。

（四）资源分析

本次课为室内的展示交流课，所用主要教学资源如表 1 所示。

表 1

教学资源	选用意图	来源
平板	辅助推进教学环节，展示图片相互评价等	科大讯飞
PPT、投影	用于教学引入及成果展示交流	学校多媒体设备
黑板	板书本堂课活动中的关键信息，呈现学生观点、辅助教师提升讲解	学校教室

（五）主题分析

按课程规划纲要的课次规划，基于前面对本次课程活动与学生的分析，将本次课的活动主题确定为实验结果的展示交流、评价与改进。

二、教学实施设计

（一）教学环节

按课程规划纲要的课次规划，本次课为核心问题教学中的评价反馈环节，其中包括自评互评、修改报告、资料入库及申请认定四个子环节，具体教学设计如表 2 所示。

表 2

教学环节	学生活动	教师活动	设计意图
教学引入（约 4min）	首先，师生一起回顾前四次课学习的内容。 第 1 次课提出问题：课题研究方向及问题的确立 第 2 次课解决问题 1 讨论，书写探究无土栽培优势的研究方案 第 3 次解决问题 2：进行探究实验 第 4 次课反思提升：整理实验数据，汇总实验结果，制作成果汇报 PPT，书写实验报告	引导学生回顾前四次课的内容，简单介绍无土栽培优势的研究方案，并介绍所培养的农作物情况。 引出本次课的学习任务：展示、交流与评价，完善报告，汇总、整理过程资料，准备提交学校学生发展处	前四次课除了集体查阅无土栽培的资料，形成无土栽培优势的研究方案，还进行了农作物的无土栽培培养过程，通过复习前四次课的内容可以让学生整体了解课程的核心问题
展示交流（约 25min）	从提出问题、方案制定、实验实施、成果分析等方面进行	引导学生的展示与交流活动，记录各组展示交流要点，鼓励学生勇于自我表达，肯定学生在研究过程和展示阶段的主动积极与大胆创新	本次课是在学生经历了提出问题，设计实验，实施实验的基础上开展的，学生经历了整个科学研究的过程，清楚科学研究的一般程序，实验结果中新问题的产生，为完善实验结果和下次实验的顺利开展提供有力的参考，学生不仅有实验过程和结果的交流，也有反思。在这种交流与反思过程中可以提升其研究的能力和素养，突出我校“以研究性课程和研究性教师培养研究性学生”的办学特色

（续表）

教学环节	学生活动	教师活动	设计意图
自评互评（约 15min）	学生基于在展示交流时的思考与记录，对实验结果及展示进行评价，并提出进一步改进的意见和建议	参与、引导同学们的自评互评活动	通过学生间的自评互评，提升学生敢于质疑、勇于探索、乐于沟通等研究素养
反思提升（约 6min）	学生在教师的引导下反思实验过程和本次课的内容。 将各个学生的建议进行融合，为课后形成改进建议书打下基础	教师引导学生反思科学探究的一般过程和方法，对问题的发现与提出、研究过程、研究方法、研究成果等进行归纳提升，从教师角度提出一些改进建议。在实验过程中定期观察并统计实验现象和实验结果，引导学生体验科学研究与劳动素养之间的关联。对本节课表现突出的学生以及整个研究过程中表现突出的学生进行表扬，并从教师角度提出一些建议	肯定学生有科学研究的一般思路，有善于发现问题、提出问题、获取信息、解决问题、反思提升、继续研究的实践能力，鼓励学生在研究时要协同合作，继续完成后续工作，为完善实验报告贡献自己的力量
修改报告（约 20min）	基于获得的评价反馈信息，修改实验报告	对学生实验报告的修改加以进一步指导与答疑	通过修改实验报告，加深对科学研究过程和劳动素养的关联体验，进一步清晰科学研究的一般过程
资料入库（约 5min）	汇总、整理研究过程资料	对学生课程资料的整理进行指导与点拨	通过对课程研究资料的整理，进一步提升学生重视初评、关注过程、珍视成果的研究素养
申请认定（约 10min）	基于修改后的研究报告，准备提交学校学生发展处	参与研讨对学生的实验报告提出建议和指导	通过修改实验报告并提交学生发展处，进一步提升学生寻求成果认定、实现社会价值的意识与能力

（二）评价预设

1．教学活动中对学生即时、口语为主的评价预设

教学引入环节：明确本节课的具体任务，让学生清楚本次课与前四次课的关联，对前期取得较好实验结果。对实验过程中积极主动的同学提出表扬，鼓励学生在本次课能大但发言、主动交流，营造积极的课堂氛围，激发学生的学习热情，实现演讲者与倾听者的共鸣，以达到本次课的目标。

展示交流评价环节：通过对展示、交流过程给予的激励性评价，促进学生进一步融入课堂，能主动进行有效记录，重点引导学生在语言表述、环节逻辑性上的把握，展现

成员的合作能力，有效激活学生在交流展示时个性的体现，主动调用自己已有的知识处理临场的情况，使课堂中充满新的火花。

展示交流小结环节：让学生在反思中不断提升自己的研究能力，促使科学研究过程顺利延续和进行，为后续的进一步研究打下基础。

资料入库环节：鼓励学生重视研究报告的书写和整理的优良研究习惯与素养。

申请认定环节：鼓励学生善于实现研究成果社会价值的意识与行为。

2．教学活动后的评价预设

从本课次教学目标，尤其是体验性目标达成情况的视角，对包括《写实记录表》在内的学生上交的研究过程资料以及实验报告、拟向学生处提交的《无土栽培技术的优化实施方案》等研究成果进行评价，并及时反馈。

（三）板书设计（如图 1 所示）

川大附中无土栽培技术

——实验结果的展示交流与评价

课程核心问题：利用土壤栽培法、无土栽培法分别培养同种农作物，探究无土栽培的优势，撰写实验报告。

科学研究的一般进程：发现问题　　　　成果交流：（现场生成）

提出假说

设计并实施实验

分析结果，得出结论

图　1

（四）教学流程（如图 2 所示）

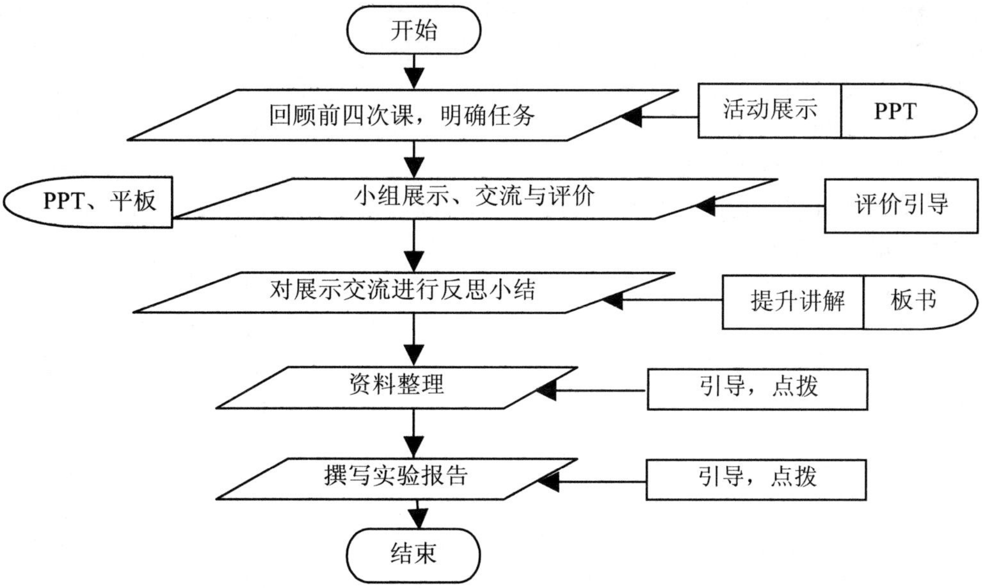

图　2

三、教后评价反馈

（一）信息搜集

课后认真观看了课堂录像，并进行教学实录。

（二）自我评价

从问题的发现与提出看，同学们通过查阅资料，了解相关无土栽培知识，进行理论知识的学习，并确定第一个实验内容为“利用无土栽培技术培育黄瓜”，这样通过自己查阅资料，了解研究现状，并结合感兴趣的方向，确定实验内容，与科学探究中的“问题的发现与提出”高度吻合，同学们在这样的问题的发现、提出与表达中获得了对如何从生活中发现并提出问题的深度体验，问题的提出与表达彰显了研究性。

从解决问题的过程看，同学们据上网查到的无土栽培相关知识，发现无土栽培与土培法相比有自己的一些优点，所以，就想研究无土栽培和土培法在种子萌发、植株生长以及所结果实时各自的优缺点，确定题目为“探究无土栽培黄瓜相对于土壤栽培黄瓜的优势”；然后分工买好无土栽培的器材和黄瓜种子，并实施实验；通过比较种子在无土栽培和土培条件下萌发成幼苗的差异得出无土栽培的种子较土培的种子更容易发芽，而当发芽后在幼苗的生长方面也是无土栽培法优于土培法，然后针对这个实验现象进行分析，说明无土栽培在植物生长方面更具优势，而两种方法栽培植物最终都没能成功，是因为环境温度低，光照弱，而黄瓜需要较高的温度和较强的光照。然后还反思了在后续研究中就要从温度、光照这些环境方面和选种方面、营养液浓度方面改进。这一研究过程与科学研究的一般进程（即提出问题、提出假说、设计并实施实验、结果分析和结论得出）高度吻合，同学们在这样的问题解决过程中获得了对从事科学研究的深度体验，问题解决过程彰显了研究性。

从整个实验实施过程中来看，实验结论的得出离不开学生对整个实验的亲身体验，具体体现在学生回忆在实验过程中，种子萌发情况的统计需要学生每天观察，在观察结果的过程中，及时的根据情况调整一些实验条件，完全投入到每天的这种劳动中，能够让学生充分地体验实验的正常进行与劳动素养的关联，这与科学研究中的严谨态度的养成，有始有终的实验精神高度吻合。

从结果的分析和结论的得出这一研究进程来说，同学们只是成功地培育出了幼苗，幼苗得到一定程度生长，但因为黄瓜生长温度较高，光照较强，所以，在冬季几度到十几度的温度、弱光照条件下和在只有一个半月培养的有限时间内没能看到黄瓜结果。但是，他们勇于承认实验失败，并没有伪造实验结果，并且他们勇于分析失败的原因，提出在种植反季蔬菜时应注意考虑的因素等，这与科学探究中“实事求是”高度吻合。同学们在这样的研究态度下获得了对如何客观、科学地对待失败的实验数据，并且及时找出失败的原因，为后续实验的顺利开展提供了参考，这个过程彰显了研究性。

（三）反馈调整

通过切实分享开展的实验过程和实验心得体会，教会学生勇于分享自己的研究成果，并实事求是地对待实验结果，找出自己的不足，有利于学生在科学实验的深度体验中的学习与发展。

“探究无土栽培黄瓜相对于土壤栽培黄瓜的优势”实验报告

曾瑞杰　陈　果　周维康　周英武　陈佳伟

一、实验背景

“无土栽培是近几十年来发展起来的一种作物栽培的新技术。无土栽培脱离了土壤的限制，极大地扩展了农业生产的空间，使得作物可在不毛之地上进行生产，其栽培的作物通常生长发育良好，产量高，品质上乘。该技术发展前景非常广泛，可产生一定的经济价值。我校生物实验室具有无土栽培的简易设备，生物教师具有相关技术的理论知识，可带领学生利用实验室简易的无土栽培设备，利用本校综合活动实践课的时间，培养蔬菜等农作物，可为全校师生提供日常餐桌美食且安全放心。

二、实验目的

1．能熟练地利用无土栽培技术培育黄瓜。

2．比较土栽培和无土栽培的不同，总结无土栽培技术的优势。

三、实验材料

黄瓜种子若干、营养液、无土栽培盆、通气泵及其橡胶管、海绵、花盆、土壤、镊子、剪刀、量筒等。

四、实验原理

无土栽培的作物不是栽培在土壤中，而是种植在溶有矿物质的水溶液（营养液）里，或在某种栽培基质中，用营养液进行作物栽培。只要有一定的栽培设备和有一定的管理措施，作物就能正常生长，并获得高产。该技术操作简单，可实施性强。

可以从种子的萌发、幼苗的生长发育、开花结果这些方面来探究无土栽培法相对于土培法的优势。

五、实验步骤

1．查阅相关资料，了解相关无土栽培知识，进行理论知识的学习。

2．准备实验器材：采购黄瓜种子若干、无土培养盆 4 个，通气管及其橡胶管 4 套、营养液若干、海绵等其他器材。

3．种子处理：将海绵剪成边长 5cm 的立方体共 32 个，每个中间剪个小孔，吸水百分之五十左右。选取饱满的黄瓜种子96颗，每3颗植入一个吸水海绵的小孔中。

4．分组育苗。无土栽培法育苗：将装有种子的16个海绵植入无土培养盆的培植孔中，向无土培养盆中加水至刚好接触海绵；土培法育苗：将另外装有种子的16个海绵种入到花盆的土壤中。无土培养盆和花盆放在相同的环境中培养，每天观察记录种子是否发芽。

5．分组培育幼苗。等幼苗长根后，将水培出来的黄瓜苗均分为两组，一组作为无土栽培组，配置适宜浓度的营养液，注入无土栽培盆中，用通气泵供氧，继续培养黄瓜幼苗；另一组的幼苗移植到花盆中，并浇上浓度较低的营养液，以防止营养液浓度太高而烧苗，作为土壤栽培组继续培养黄瓜幼苗。

6．每隔两周给无土栽培盆补充适量的营养液，适时给土培组浇较低浓度营养液，每天定时观察现象，记录两组幼苗的长势。

7．统计结果。

六、实验现象

（一）无土栽培法、土培法育苗统计（如表1所示）

表 1

组别	种子萌发且长成的幼苗数	种子萌发长成幼苗所用的时间
无土栽培组	42	3天
土培组	0	——

（二）无土栽培法、土培法培养黄瓜幼苗统计（如表2所示）

表 2

组别	第1周后的长势	第2周后的长势	第3周后的长势	第4周后的长势
无土栽培的幼苗	幼苗生长平均高度约1.1cm，2片叶片，叶片形状为椭圆形	幼苗生长平均高度再增加1.5cm，3片叶片，叶片形状为三角锯齿形	幼苗生长平均高度再增加1.0cm，长成藤状，4片叶片，三角锯齿形叶片稍长大	叶片萎蔫，生长停止
土培的幼苗	幼苗生长平均高度约0.2cm，2片叶片，叶片形状为椭圆形	幼苗出现萎蔫现象，生长停止	幼苗死亡	

七、实验结果及分析

1．结果：当冬季日气温为8℃～15℃时，在育苗时，无土栽培法能成功让种子萌发长成幼苗，而土培法不能。在培育幼苗时，无土栽培能让幼苗生长约21天左右且前期生长较快，而土培法只能让幼苗生长7天左右且生长较慢。

2．结论：和土培法相比，无土栽培法具有促进种子萌发、促进植株生长的优势。

3．原因分析：无论是土培法还是无土栽培法，最终黄瓜幼苗都没能顺利生长到开花、结果，土培法育苗也是失败的，最主要原因是我们在冬季种植，日气温为 8℃～15℃，温度较低，而黄瓜是喜暖植物，种子萌发所需温度为 15℃～20℃，植株生长所需温度为 15℃～25℃，因此，环境的低温抑制了黄瓜苗的生长。另外，植物生长也需要适宜强度的光照，而在四川盆地的冬季很少会出太阳，这种弱光照也是一种限制因素。

八、实验反思与改进

在后续研究中，需要从以下几个方面改进：（1）选种。应先查资料，选择适合当季种植的物种，即充分考虑种子萌发和植株生长对温度、光照等环境条件的要求，而不是根据自己的兴趣来选择。（2）在种子育苗阶段，土培法的种子不能萌发，可能跟我们给它浇灌的营养液的浓度有关，因为土壤中本身含有土壤溶液，我们给它浇灌了营养液后可能导致土壤溶液浓度过高，影响种子吸水，因而没能萌发。土培法育苗时，可以多设置几个组，分别浇灌清水和较低的不同浓度的营养液。

米酒的制作、分析与应用

川大附中项目课程开发实施规划纲要

课程首席教师　李德成（生物组）
课程参与教师　李金川　张丽虹（生物组）

<table>
<tr><td>课程名称</td><td colspan="8">米酒的制作、分析与应用</td></tr>
<tr><td>课程类型
（勾选）</td><td>√</td><td>必修的综合实践
活动课程</td><td></td><td>必修的
劳动课程</td><td></td><td>选修的
学样课程</td><td></td><td>选修的
校本课程</td></tr>
<tr><td>实施对象</td><td colspan="3">高一年级学生</td><td colspan="3">建议选课学生人数</td><td colspan="2">15 人</td></tr>
<tr><td>课程课时
及上课时段</td><td colspan="8">5 次 10 课时，划定课程时间</td></tr>
<tr><td>课程背景</td><td colspan="8">（一）课程开设背景分析
米酒又被称为清酒，据较早的文献记录在公元前 1000 年左右，中国就发明了发酵酿酒的技术，首先被辛勤的劳动人民酿造出来的美酒便是米酒。不少西方人都以为米酒是日本人先酿造出来的，岂知，它实际上是中国人首先酿造的含酒精的饮料，而日本酿造清酒的技术是从中国引进的，在数世纪前才流传到日本以及世界各国。因此，可以讲最早发明米酒的是中国
米酒与古代的诗词歌赋有着深刻的联系。唐代诗人李白的“金樽清酒斗十千，玉盘珍馐值万钱”的诗句、北宋大诗人苏东坡高歌“酸酒如齑汤，甜酒如蜜汁”。可见，米酒在中国酒文化历史中扮演着一种重要的角色，米酒还是古代祖先用于祭祀天地、庆贺征战或农业丰收必不可少的物品。随着历史的沉淀和文化的堆积，品味米酒早已不仅仅是口舌之欲，更是在细嗅那留存在米酒中的时间和历史的味道（悠久的历史文化）
米酒在现代生活中的应用更为广泛：（1）作为美味佳肴。米酒可以直接热饮作为饮料、米酒糯米汤圆、米酒蛋、果味米酒等。（2）米酒还是养生佳品，其含有十多种氨基酸，其中有 8 种是人体不能合成而又必需的。每升米酒中赖氨酸的含量比葡萄酒和啤酒要高出数倍，这在其他营养酒类中较为罕见，因此，人们称其为“液体蛋糕”。一直有产妇坐月吃醪糟蛋（米酒蛋）补身的习俗。实验显示，米酒中的一组酶抑制剂可以降低大脑中另一组会影响记忆力的酶的活力，从而起到增强记忆的作用，对神经衰弱、精神恍惚、抑郁健忘、老年痴呆等有一定的疗效。（3）米酒在美容方面也独具功效：经过多年验证发现，米酒在提炼的过程中，经天然酵母菌发酵后，会产生一种透明的液体代谢物。它与人体细胞结构相似，是极易被吸收的护肤成分，日本的高级化妆品 SKⅡ中就含有酵母菌发酵的米酒提取物（现代生活中的广泛应用）
米酒以独特的味道和功效备受大家喜爱，学生搜集周围同学、家长、老师对传统食品米酒的用途和大家对个性化的需求。学生们调查了解到：市场、超市兜售的米酒品种单一；储存时间较短易坏；食品生产的安全的担心以及对传统食品米酒潜在价值的开发，让具有悠久历史的传统文化食品发扬光大的愿望……学生渴望自己动手酿制研究米酒（现在状态：丰富产品种类和应用，具较大改进空间）</td></tr>
</table>

（续表）

课程背景	（二）课程资源背景分析 1．硬件资源背景：生物实验室、化学实验室提供多种实验材料、器材和实践活动场所；数字实验室和计算机教室可以辅助学生完成资料查询、方案设计 2．人力资源背景：实验室老师提供实验材料、实验药品和实验器材；课程教师可以协助学生进行实践活动方案的设计、数据分析、方案改进 （三）学生背景分析 1．知识储备方面：本课程参与的同学为高一年级的学生，他们通过对生物必修一第五章第3节《细胞呼吸》的学习，知道了酵母菌的同化作用为异养型，不能将无机物转化为有机物，需以有机物为底物进行生命活动，也知道异化作用为兼性厌氧型，有氧条件下进行有氧呼吸释放大量能量酵母菌快速繁殖，在无氧条件下可以将糖类分解为酒精和二氧化碳。（显性的知识性知识） 2．研究素养方面：通过初中和高一的探究性实验设计的学习，学生具备一定的设计对照实验、观察记录实验现象、分析实验结果的能力；高一上期学生已经参与到综合实践活动研究性课程中来，具备研究的基本素养，但在研究方法的认识上还有待提高。（缄默的研究素养基础） 3．研究意愿方面 （1）首先通过学习传统食品制作基本过程，感受我国古代劳动人民创造美食的伟大 （2）通过改变不同温度下米酒的对照实验分析，培养提高自己的研究分析能力 （3）分析导致米酒污染的杂菌的种类 （4）使用粳米、糯米、小麦不同谷类酿制不同口感的米酒 （5）接种酵母菌和根霉菌不同菌种进行对比酿制，培养选择最佳口感的米酒 （6）对米酒成分的深入分析，开发新的应用途径 （缄默的情感、态度；显现的知识能力）
课程内容 （核心问题）	制作米酒，探究温度、实验材料、菌种对米酒酿制的影响，分析米酒成分，开发新口味品种和新应用途径，撰写研究报告 问题： 1．怎样制作米酒 2．米酒成分分析及可以开发的用途 3．哪些因素会影响米酒品质和口感 活动： 1．查阅文献资料，了解醪糟和米酒制作的历史和现状 2．设计实验开展米酒制作和研究活动 3．撰写米酒制作与研究的报告
课程目标	（一）结果性目标 1．制作米酒 2．分析米酒成分，开发米酒新的应用途径 3．通过改变米酒制作材料与条件的研究，丰富米酒种类品质 4．撰写米酒制作与研究的报告 （二）体验性目标 1．通过米酒的制作、分析和研究，让学生体验生物学与日常生活、生产实际的关联 2．体验实验研究结果与产品改进与丰富之间的关联

（续表）

	课次	主题	研究环节	学生活动	课前课后任务	活动地点
课次计划	1	提出问题：课题研究方向及问题的确立	发现问题	了解市场米酒产品种类和周围人群对米酒的个性需求	课前：调查周围人群需求 课后：成立小组，明确分工，设计研究问题	微生物实验室
			组建团队	按调研对象进行分组		
			构建方案	查阅资料撰写米酒制作流程		
			表达问题	确定本组要研究解决的问题加以表达		
	2	解决问题 1：制作米酒	实施方案	清洗器材、蒸煮米、拌菌种	课前：准备糯米、菌种 课后：每天中午到实验室观察并记录米酒发酵情况	微生物实验室
	3	解决问题 2：分析米酒成分	实施方案	分析米酒成分，记录实验结果	课前：查阅资料确定需要分析的成分 课后：观察成分分析结果	微生物实验室
	4	解决问题 3：比较不同条件下米酒品质 反思提升：形成初步的研究报告	实施方案	1．分组分别进行不同条件下的米酒酿制 2．观察与品尝	课前：准备不同谷类和菌种 课后：（1）每天观察记录米酒发酵情况 （2）反思提升实验结果，形成初步研究报告	微生物实验室
			整理资料	汇总、整理研究资料		
			反思研讨	基于实验条件与实验结果反思		
			撰写成果	生成初步调研报告		
	5	评价反馈：调研成果的展示交流与改进	自评互评	分组展示，交流与评价	课前：小组分工，明确展示任务 课后：完善建议书提交有关生产企业	微生物实验室
			修改报告	基于获得的评价反馈信息，修改调研报告		
			资料入库	汇总、整理研究过程资料		
			申请认定	基于不同口感品质米酒研究结果和成分分析，形成报告提交有关生产企业认定		

（续表）

学生作品	1．学生制作米酒样本 2．研究方案、研究报告
评价方式	1．课题研究过程中生生、师生间的多向、多元评价 2．调研报告的等级评定
安全保障	一般课程保障
条件保障	课程开发组外部保障：生物实验室、化学实验室提供设备和学校经费保障 课程开发组内部保障：教师团结协作和具有科研能力的生物教师的指导
开发次第	课程为再次开发
课程审批	1．课程教学处：　　签　章　　年　月　日 2．学生发展处：　　签　章　　年　月　日

米酒的制作

一、教学分析设计

（一）活动分析

本课程之前已经完成了三次课的学习，回顾前三次课：第一次课，学生课前通过了解市场上米酒产品的种类和周围人群对米酒的个性需求，课上按照调研对象通过分组的形式在数字实验室查阅资料并撰写米酒制作的流程，并确定了本组要研究解决的问题和方向。第二次课，学生课前准备好制作米酒的相关材料和器具，在课上清洗器材、蒸糯米、加菌种，分小组按照第一节课查阅的资料动手制作米酒，并且在课后每天中午到实验室观察并记录密集发酵的情况。第三次课，学生课前上网查阅资料确定需要分析米酒的化学成分，在课上每组学生根据自己已学过的生物和化学知识和在网上查阅到的相关检测方法对自己制作的米酒进行成分分析，并记录实验结果。

在前三次课的基础上，学生在观察、品尝和对米酒化学成分分析后发现自己组的米酒和其他组的米酒在口感、颜色、酒精度、化学成分方面存在很大的差异，学生非常想搞清楚“差异产生的原因”，所以，本次课也就是本课程的第四次课主要任务就是学生首先小组内讨论分析自己组与其他组米酒在口感、颜色、酒精度、化学成分等方面产生差异的可能原因有哪些，然后再动手设计实验探究并比较不同条件下米酒品质和口感。因此，本次课的活动内容确立为“分组在不同条件下制作米酒，分析影响米酒口感和品质的因素”。

（二）学生分析

1．知识储备方面：本课程参与的同学为高一年级的学生，他们通过对生物必修一第五章第 3 节《细胞呼吸》的学习，知道了酵母菌的同化作用为异养型，不能将无机物转化为有机物，需以有机物为底物进行生命活动，也知道异化作用为兼性厌氧型，有氧条件下进行有氧呼吸释放大量能量酵母菌快速繁殖，在无氧条件下可以将糖类分解为酒精和二氧化碳。

2．研究素养方面：通过初中和高一的探究性实验设计的学习，学生具备一定的设计对照实验、观察记录实验现象、分析实验结果的能力；高一上期学生已经参与到综合实践活动研究性课程中来，具备研究的基本素养，但在研究方法的认识上还有待提高。（即缄默的研究素养基础）

3．研究意愿方面

（1）通过改变不同温度下米酒的对照实验分析，培养提高自己的研究分析能力。

（2）使用粳米、糯米、小麦不同谷类酿制不同口感的米酒。

（3）接种酵母菌和根霉菌不同菌种进行对比酿制，培养选择最佳口感的米酒。

（三）目标分析

根据本课程规划纲要中确立的课程教学目标，基于本次课的活动分析及学生分析，撰写本次课的教学目标如下。

结果性目标：制作米酒；分析影响米酒口感与品质的因素；撰写米酒制作与研究的研究报告。

体验性目标：通过米酒的制作、分析和研究，让学生体验生物学与日常生活、生产实际的关联；体验实验研究结果与产品改进与丰富之间的关联。

（四）资源分析

本次课为学生探究实验活动，所用主要教学资源如表 1 所示。

表 1

教学资源	选用意图	来源
各种实验器具	供给学生实验操作使用	生物实验室
糯米、菌种	供给学生发酵产米酒使用	生物实验室
电脑、网络	辅助学生完成资料查询、方案设计和改进	数字实验室
黑板	板书本堂课活动中的关键信息，呈现学生观点、辅助教师提升讲解	生物实验室

二、教学实施环节

（一）教学环节

按课程规划纲要的课次规划，本次课为核心问题教学中解决问题环节，其中包括搜集信息、提出构想、制定方案及实施研究四个子环节，具体教学环节如表 2 所示。

表 2

教学环节	教师活动	学生活动	设计意图
教学引入 搜集信息 （5min）	引导学生和老师一起回顾前 3 次课的研究情况，明确本次课的学习任务	学生思考、回忆不同组制作的米酒在口感、颜色、酒精度等方面存在哪些差异	有利于吸引学生注意力，有效调动学生学习兴趣，唤起学生强烈求知欲
提出构想 （约 15min）	组织学生小组内讨论分析自己组和其他组制作的米酒在口感、颜色、酒精度等方面存在差异的原因的可能性，并引导学生找出最可能的原因或条件	学生小组内交流、讨论	培养学生分析实验现象产生的原因

（续表）

教学环节	教师活动	学生活动	设计意图
制定方案（约 15min）	引导学生思考如何设计实验对该原因或条件进行探究	学生思考、讨论	培养学生学会实验设计的一般方法，掌握“单一变量”原则的控制
实施研究（约 20min）	引导学生按照自己制定的方案动手实施实验	学生实施实验	培养学生动手操作能力
	组织学生课后定时对实验现象和实验数据进行正确的记录，并撰写研究报告	观察、品尝、撰写研究报告	培养学生依据实验现象和数据正确撰写研究报告的能力

（二）评价预设

1．教学活动中关联的体验情况进行评价预设

实践性：学生分析完自己组和其他小组米酒口感和品质差异的可能性原因后，可能会找出很多的原因，教师要对每个原因分析的准确性及其进行每个原因实验探究的可操作性进行评价。

综合性：学生设计完实验后，教师要对其实验是否结合了生物、化学知识、是否合理进行了变量控制以及检测指标是否正确、是否具备可操作性等进行评价。

活动性：对学生实验操作的方法和技能以及整个实验过程中自变量、因变量、无关变量的控制进行评价。

研究性：对学生实验现象的记录和数据搜集、分析的方法和改进措施以及撰写报告进行评价。

2．教学活动后的评价预设

从本次课教学目标，尤其是体验性目标达成情况的视角，对包括《写实记录表》在内的学生上交的研究过程资料以及研究报告、拟向学生处提交的资料等研究成果进行评价，并及时反馈。

（三）板书设计（如图 1 所示）

米酒的制作

核心问题：分组在不同条件下制作米酒，分析影响米酒口感和品质的因素

一、分析原因

二、设计实验

三、实施实验

图 1

（四）教学流程（如图 2 所示）

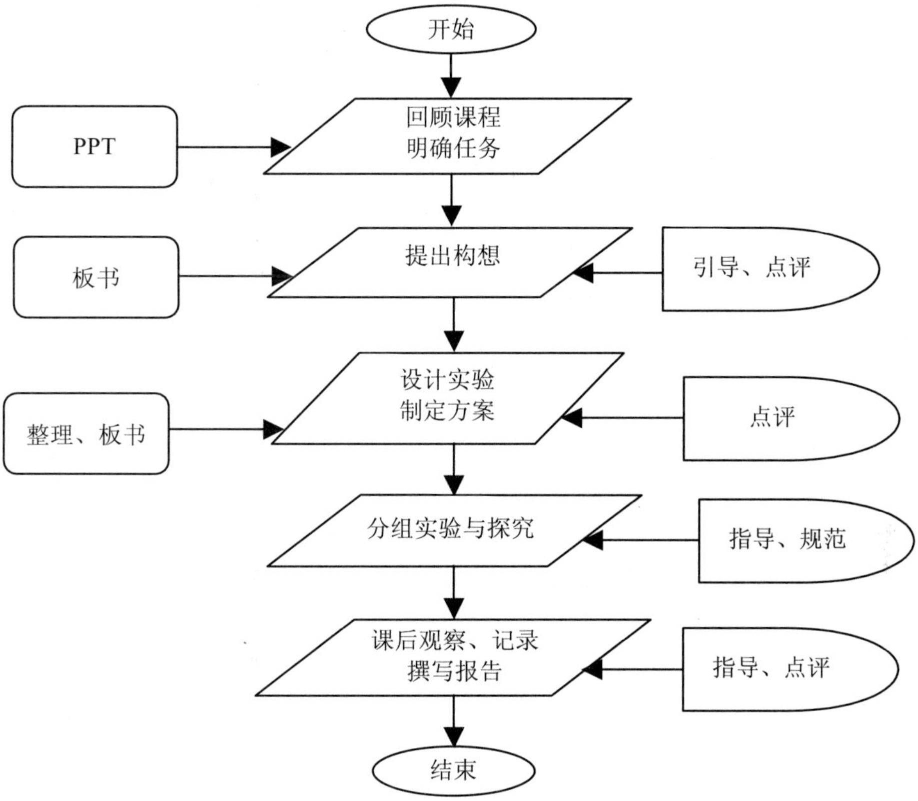

图 2

三、教后评价反馈

（一）信息搜集

课后搜集学生完成的课题研究报告共 5 份（三人一组）。

（二）自我评价

本课题真正贴近学生的生活，而本次课完全让学生“投入实践活动”，学生的参与热情很高。学生找到了很多影响米酒口感和品质的因素，而且学生自己设计的实验（如：不同温度、不同菌种、不同氧气浓度等对米酒口感和品质的影响）说明学生前三次课的体验度已经达到了预期的要求，并且学生在整个的实验进程中生成了很多新的问题。在实验过程中，我们培养了学生的自疑自析的能力，实现了“教为了不教”的长远目标。教师在课堂中充分利用多媒体，让实验结果对学生造成直观的视觉冲击，中学生利用交互式电子白板与实物展台的结合，真实直观地将自己小组的实验结果展示给同学，让学生通过对实验结果的对比，明白制作米酒成功关键是清洁防污染。通过本课程的学习，学生学会了学以致用并尝试丰富日常饮食文化，让学生学会用米酒制作醪糟，切实体验学以致用的乐趣。正如实践出真知，我实践我快乐，实现了学生作为学习的主体，培养了学生的动手实验能力，同时，学生的创新意识也得到了展示，有力地彰显了学校“培养—研究型”办学特色。教育是一门“遗憾”的艺术，本次课还是存在诸多遗憾和不足的地方。

（1）学生的生成性问题的探究还是和课时的安排存在一定的矛盾。

（2）学生的探究习惯还有待于提高（如实验器材的摆放等）。

（3）教学中对学生的表现给予的鼓励还不够。

（4）对核心问题引领下的学生活动，教师的启发、点拨和适时的引导还可以更优化，让学生自己在活动中发现问题，然后集体讨论思考解决问题。

（5）对学生在实验过程中产生的新因素、新亮点应及时捕捉，并从学科能力、学科素养的角度进行专业化点评和拓展，使课堂的深度和宽度都得以延伸。

（三）反馈调整

本次课是课程的第四次，因此，评价反馈放在第五次课进行，基于学生完成的研究报告，让学生首先进行小组自评和互评，然后老师再进行点评，课堂反馈评价意见，然后学生再基于获得的评价反馈信息，修改研究报告。由于课堂时间的限制，应课后与个别小组的学生交流深入反馈评价意见，以便更加有利于学生在深度体验中的学习与发展。

米酒及果酒的制作与鉴定研究报告

万可伟　陈蔚林　郑祥熠

酒文化是中国传统文化的重要组成部分，米酒和果酒深受人们的喜爱。制作醪糟是制作米酒的前提，水果发酵是果酒制作必经的过程。我们在老师带领下，开启了自己的研究历程。

一、材料与方法

1．材料：糯米、酒曲（网购、实验室提供）；苹果、葡萄（自带）。

2．器具：电饭煲（实验室提供，专购）、纱布、勺、透明玻璃坛、透明玻璃罐、矿泉水瓶；榨汁机（实验室提供，专购）、光学显微镜、血球计数板、盖玻片、滴管、吸水纸等。物质鉴定有关试剂有用具（如图 1 所示）。

3．过程与方法

（1）米酒的制作：主要由第一、二、三组完成，基本流程一致，细节有差别。

第一组的制作过程：①将糯米冲洗 2～3 遍，放在冷水中浸泡一晚上，再捞出并用清水冲洗 2～3 遍。②电饭煲里放上蒸格，清洗纱布，将米铺到上面。蒸熟并冷却后加入适量凉开水（避免对糯米造成污染）和甜酒曲。③将制作米酒的容器和容器盖清洗干净，尤其是容器内不能沾有任何油性物质。用沸水冲烫容器，对其杀菌消毒。④将糯米放入容器中，糯米量不超过容器的三分之二，装瓶贴签，等待 1～2 天（如图 2 所示）。

图　1

图　2

第二组的实验步骤：将糯米淘洗干净，用冷水泡 4～5h，蒸格上放干净的纱布，将米直接放在纱布上蒸熟，再将蒸熟的米放在干净的盆里，待温度降到 30℃～40℃时按比例拌进酒曲用勺把米稍压一下，在米上面稍洒一些凉白开水，装瓶加盖贴签。

第三组的操作步骤：先准备好糯米、酒曲、容器[大小适中的玻璃碗（含盖）]、电饭煲等。然后，早晨蒸饭，中午加酒曲加水，再冷藏储存等待。

（2）葡萄酒的制作：主要由第四组完成。

首先准备好1000克新鲜的果实表面有白霜的葡萄和一个塑料瓶，用缓水流稍微清洗洗掉其表面的灰尘，保留其表面的天然酵母，然后将葡萄放入榨汁机，取榨出的葡萄汁，倒入准备好的塑料瓶大约装满三分之二瓶，加入少许酵母菌，立马盖紧瓶盖，接下来每天拧松一次瓶盖，等待一个星期。

（3）醪糟的品尝：发酵3天后，师生共同完成。李德成老师带领大家完成。李老师到食堂借来了足够的小碗、勺和餐盘，并率先品尝，随后大家纷纷完成品尝。

（4）酒味的嗅闻：米酒气味在制作、观察、品尝时嗅闻。果酒气味在每天拧松瓶盖时嗅闻。

（5）米酒成分的鉴定

①还原糖鉴定：过滤米酒，取2mL滤液，加入1mL斐林试剂，放入温水中加热，是否出现砖红色沉淀。

②淀粉鉴定：重复过滤操作，取2mL滤液，在试管中加入少量碘液，观察溶液是否不变成蓝色。

③脂肪鉴定：重复过滤操作，取2mL滤液，在试管中加入少量苏丹III试剂，观察溶液是否变成橘黄色。

④蛋白质鉴定：重复过滤操作，取2mL滤液，在试管中加入少量双缩脲试剂，观察溶液是否变成紫色。

⑤酒精鉴定：重复过滤操作，取2mL滤液加入试管中，再加入物质的量浓度为3mol/L的浓硫酸3滴，振荡摇匀，再加入常温下饱和的重铬酸钾溶液3滴，观察溶液颜色变化，即是否出现由橙色变为灰绿色（如图3所示）。

图　3

（6）菌种检测和计数

①取载玻片，加1滴米酒，再加盖玻片，用显微镜在低倍镜和高倍镜下观察酵母菌，并和永久装片中的酵母菌进行对比。

②取血球计数板，加盖玻片，再在盖玻片周围加1滴米酒，待米酒自然渗入后，用吸水纸吸取多余米酒，在光学显微镜下对酵母菌计数。

二、结果与讨论

（一）实验结果

1．关于米酒和果酒的制作都是成功的。一方面闻到了酒味，另一方面酒精鉴定实验出现了灰绿色。

2．关于米酒成分的鉴定，结果都符合预期。

（1）还原糖鉴定实验，出现了砖红色，说明米酒生产过程中出现了还原糖，这是酵母菌的淀粉酶催化淀粉水解成了麦芽糖，以及麦芽糖进一步被麦芽糖酶催化水解为葡萄糖所造成的。麦芽糖和葡萄糖都是还原糖，后者是酒精发酵的起点。

（2）淀粉鉴定实验，没有出现蓝色，说明淀粉经过发酵以及消耗完毕。

（3）脂肪鉴定实验出现了橘黄色，表明米酒生产过程中出现了脂肪；也可能是糯米中的脂肪尚未利用。

（4）蛋白质鉴定实验出现了紫色，表明发酵产生了蛋白质，比如酶。

（5）酒精鉴定实验确实出现了无色的酒精加入浓硫酸后无色，加入重铬酸钾溶液后为橙色，反应后变为灰绿色，说明发酵产生了酒精。

3．关于品尝醪糟，口感好，心情好，也满足了好奇心，分享了收获劳动成果的快乐。

（二）实验讨论及收获

1．实验总体上很成功

通过这次选修课活动，巩固、扩大和加深了我们从课堂上所学的理论知识，也让我们更进一步熟悉了其生产工艺流程以及在生产过程中需要注意的相关事项。同时进一步了解了酒类的性质，学会了如何酿酒。

在实际操作过程中，我们学会了在实验之前了解实验的步骤，注意实验操作要点。要按照要求进行各项实验操作，做到认真细心，切不可马虎大意，以免对后续实验步骤产生不良的影响。实验时不可照搬各种经验，针对不同的实验条件对具体的实验操作会有相应的改变，在每阶段的试验之后进行总结，为下一阶段实验做好准备。

在品酒时，看到自己的实验成果，心中异常激动。虽然此次葡萄酒与米酒的味道与想象中存在一定的差异，但我们内心的收获却是满满的。此次试验在历经近两个月共 5 次课程后已经告一段落，回想起来，忙碌而充实。我们通过这次实验找到了一个连接理论与生产实践相结合的契机，真正地了解到发酵食品的工艺流程及相关操作注意事项，对课本上的知识也有了更深的理解，学以致用才是学习的真正目的。

2．后续研究的思考

这几次实验，酵母菌计数完成得不好，没有对葡萄酒的成分进行鉴定。这主要是我们识别酵母菌的能力较弱，时间有限，没有对制作葡萄酒进行充分的预设。

总之，我们收获满满。在课堂实验中还锻炼了动手的能力，培养了严谨的态度、坚持不懈的毅力以及同学之间团结互助的精神，深刻理解了酒文化。

蒸馏酒酿造

川大附中项目课程开发实施规划纲要

课程首席教师　杨　帅（生物组）
课程参与教师　曾声蓉　颜　玲（生物组）

课程名称	蒸馏酒酿造							
课程类型（勾选）	√	必修的综合实践活动课程		必修的劳动课程		选修的学样课程		选修的校本课程
实施对象	高二年级学生			建议选课学生人数		12 人		
课程课时及上课时段	5 次 10 课时，划定课程时间							
课程背景	（一）课程开设背景分析 酒文化是中国传统文化之一，生活中随处可见各种酒的身影，四川名酒更是蜚声中外，有六百年历史的“水井坊”只与我校一桥之隔。作为横贯历史，承载生活的载体，学生需要打开酒坊的大门，融入蒸馏酒的发酵过程，体味劳动溢出的醇香 本课题来源于生活，无论生活上的酒，如醪糟、料酒、乙醇汽油酒精灯，还是饮品中的酒，如白酒、鸡尾酒、葡萄酒、白兰地，又或者文学作品中的酒，如：“举杯消愁愁更愁”“酒逢知己千杯少”“一杯淡酒，怎敌他晚来风急”等等都说明生活离不开酒。既然如此，本课程就带学生来深入了解酒。学生可以借此课题为载体，综合实践多种知识能力，为从事相关专业埋下一粒种子，为未来成长奠定一定的基础 蒸馏酒的酿制是以酿酒的工艺流程为学生体验载体，辅以微生物检测和产品鉴定，其中酿酒的过程是科学探究的一般过程，包括提出问题—做出假设—设计实验—进行实验—结果分析—分析讨论，在这个过程中既有行为的实践体验，也有思维的深入探究。同时为了探究发酵过程和微生物种类数量的关联，设置了两种检测，一种是显微镜直接观察，另一种是接种培养成肉眼可见的菌落观察，体现了微观到宏观，现象到本质的探究过程。发酵蒸馏的产物不能仅仅靠气味进行分辨，科学探究以实验检验为依据，设计了酒精的化学检验过程和酒的度数检测，这一过程不仅直接综合理化知识体现综合应用，更是教会了学生从定性到定量的严谨态度，这也为之后学生反思结果与过程的关联提供了稳固的实验依据 高中学生有高考的升学压力，在这一客观环境下，综合实践课的开展要确保有利于学生知识的学习、有益于学生能力的培养、有利于学生科学素养的提高。在这一综合实践过程中，体现出的不仅是学生研究过程中微观析宏观、过程析结果、现象析本质的研究思路，更是学生构建文化与经济、物质与生活、个人与社会之间的关联。学生真正从课本走出来、从校园走出来、从自我走出来，融入真实的社会生活，通过综合实践活动的开展，切实为学生未来成长负责								

（续表）

课程背景	（二）课程资源背景分析 1．硬件资源背景：学校周边水井坊博物馆可供参观、学习。学校生物实验室可供实验操作，数字实验室和计算机教室可以辅助学生完成资料查询、方案设计 2．人力资源背景：水井坊工作人员专职免费为学生讲解酿酒文化和过程，生物实验室试验员为学生准备材料和器材 （三）学生背景分析 1．知识储备方面：高二学生具备实验方案设计、酒精发酵条件控制、培养基制备、无菌操作、微生物实验室接种培养观察、显微镜操作、酒精化学检验、物理酒精度数检验、蒸馏仪器拆装、蒸馏操作实践等等高考学科重点操作实践 2．研究素养方面：蒸馏酒酿造可以很好契合现阶段学生的能力，又暗合了学生快要成年对酒的好奇心理。学生通过完成综合实践活动，一方面收获相应能力的提升，另一方面也很重要，可以借此降低手机、游戏、网络小说、早恋等对学生的影响 3．研究意愿方面：对高二阶段学生来说，学生有能力自我探究，有很强的探究欲望，希望做一些有意义和有趣味的活动，但从小到大接触到实践的机会不多。开展有价值有意义的活动，自然而然会调动学生的积极性，自主合理安排时间，促使学习效率的提高，变得更加自律和主动，最终发展出更优良的思想品性
课程内容（核心问题）	调查蒸馏酒消费现状，参观水井坊，设计研究方案，选择器材、酿造蒸馏酒并反思实验操作对结果的影响 问题： ①校园周边蒸馏酒消费现状是什么 ②水井坊酿酒的过程是什么 ③如何撰写并实施实验方案 活动：调研；撰写；实验探究
课程目标	课程结果性目标：查阅资料，设计实验方案，明确实验基本过程和原理，酿造蒸馏酒产品 课程体验性目标： （1）在搜集酿酒菌种和原料过程中，体验不同菌种、原料与酿酒品质的关联 （2）在对谷类原料进行处理的过程中，体验材料处理时间、工艺与酿酒品质的关联 （3）在设计、选取、组装酿造装置的过程中，体验酿酒容器与酿造操作间的关联 （4）在对酿造原液进行蒸馏的过程中，体验蒸馏装置、方法与最终产品间的关联 （5）在对发酵液中微生物分离培养过程中，体验微生物种类、数量与发酵产物的关联 （6）在对产物进行检测的过程中，体验实验现象与原理间的关联 （7）在交流展示的过程中，体验实验结果与操作过程间的关联

（续表）

<table>
<tr><th></th><th>课次</th><th>主题</th><th>研究环节</th><th>学生活动</th><th>课前课后任务</th><th>活动地点</th></tr>
<tr><td rowspan="12">课次计划</td><td rowspan="4">1</td><td rowspan="4">提出问题：课题研究方向及问题的确立</td><td>发现问题</td><td>参观访问“水井坊”博物馆，初步了解白酒酿造文化、原理、过程、包装设计、推广营销，思考小组研究课题</td><td rowspan="4">课前：资料查询
课后：成立小组，明确分工，设计初步问卷</td><td rowspan="4">水井坊博物馆
生物数字实验室</td></tr>
<tr><td>组建团队</td><td>按调研对象进行分组</td></tr>
<tr><td>尝试查新</td><td>围绕本组拟解决的问题进行查新、学习与分析</td></tr>
<tr><td>表达问题</td><td>确定本组要研究解决的问题加以表达</td></tr>
<tr><td rowspan="2">2</td><td rowspan="2">解决问题 1：提出研究课题，设置调查问卷，进行调查和统计相关数据</td><td>搜集信息</td><td>在课前搜集信息的基础上汇总、梳理、分析</td><td rowspan="2">课前：分组研讨，制定调研方案
课后：进行问卷调查</td><td rowspan="2">生物数字实验室</td></tr>
<tr><td>制定方案</td><td>交流问题，展示初步设计的问卷，分组讨论，生成问卷</td></tr>
<tr><td>3</td><td>解决问题 2：设计方案、网购实验装置和材料、菌种和原料处理与发酵</td><td>实施研究</td><td>基于课前展开的问卷调查，对搜集的调查数据进行分析，提出影响蒸馏酒品质的因素，设计实验，进行实验探究</td><td>课前：汇总、整理调查数据，设计实验
课后：完善实验结果观察、记录，针对现象提出新的问题</td><td>生物实验室</td></tr>
<tr><td rowspan="4">4</td><td rowspan="4">反思提升：蒸馏与检测发酵液微生物鉴定</td><td>记录写实</td><td>完善课前初步的实验研究记录</td><td rowspan="4">课前：完成实验过程写实记录
课后：对课堂上形成的报告进一步提炼</td><td rowspan="4">生物数字实验室</td></tr>
<tr><td>观察、验证</td><td>显微镜观察发酵液微生物形态，平板培养观察</td></tr>
<tr><td>反思研讨</td><td>基于研究资料和实验数据，对小组提出的问题进行反思、研讨与提升</td></tr>
<tr><td>撰写成果</td><td>生成初步研究报告</td></tr>
</table>

（续表）

<table>
<tr><td rowspan="3">课次计划</td><td rowspan="3">5</td><td rowspan="3">评价反馈：展示、交流、评价与改进</td><td>自评互评</td><td>分组展示，交流与评价</td><td rowspan="3">课前：小组分工，明确展示任务
课后：完善研究报告，并依据研究和调查结果进行主题拓展（包装设计、健康宣传和设计广告语）</td><td rowspan="3">科技楼
6楼</td></tr>
<tr><td>修改报告</td><td>基于获得的评价反馈信息，修改调研报告</td></tr>
<tr><td>资料入库</td><td>汇总、整理研究过程资料</td></tr>
<tr><td>学生作品</td><td colspan="6">1．校园周边蒸馏酒消费报告
2．自酿酒类产品</td></tr>
<tr><td>评价方式</td><td colspan="6">1．课题研究过程中生生、师生间的多向、多元评价
2．调研报告的等级评定
3．实验方案操作过程实验结果分析报告</td></tr>
<tr><td>安全保障</td><td colspan="6">实验室安全、外出安全</td></tr>
<tr><td>条件保障</td><td colspan="6">课程开发组内部保障：教师提前查阅、了解和学习相关资料、提升自己的教学能力
课程开发组外部保障：学生加强自我保护、教师加强管理监督、实验室酿酒条件，如菌种和仪器的准备（提前联系川大生物专业与微生物发酵工程相关导师）</td></tr>
<tr><td>开发次第</td><td colspan="6">课程为再次开发</td></tr>
<tr><td>课程审批</td><td colspan="6">1．课程教学处：　　签　章　　年　月　日
2．学生发展处：　　签　章　　年　月　日</td></tr>
</table>

蒸馏酒酿制与推广——“展示交流”

一、教学分析设计

（一）活动分析

本次课为本门课程的第五次课，学生在诗词、生活和课堂学习中知晓了酒，想去认识酒、研究酒，最好的方法和途径就是去调查、去动手操作酒。学生通过调查、访谈和参观学习接触了各类与酒相关的人与事，了解、发现了许多新的现象和问题。通过查资料和思考，初步深入知晓了酒，同时也更想去进一步探究酒的本质问题，于是学生自己设计探究实验来酿造不同的酒，将酒所包含的物质与文化信息内化成自身认知的一部分，整理这些信息与生活、文化和经济等外部信息建立新的联系。通过包装设计、营销推广或者文化健康宣传等其他方式外显出来，最终形成新的、差异化的成果进行分享、交流表达，完成对蒸馏酒的完整认识过程。这一过程也是认识所有事物的一般过程，本节课的学生实践活动即是围绕这一基本过程设计开展的。

本次课主题中的活动内容确立为“各小组的展示、交流与评价”。

（二）学生分析

高中学生有高考的升学压力，在这一客观环境下，综合实践课的开展要确保有利于学生知识的学习、有益于学生能力的培养、有利于学生科学素养的提高。本课程从这一角度出发，不仅涵盖实验方案设计、酒精发酵条件控制、培养基制备、无菌操作、微生物实验室接种培养观察、显微镜操作、酒精化学检验、物理酒精度数检验、蒸馏仪器拆装、蒸馏操作实践等等高考学科重点操作实践，还包括学生调查问卷设计、调查访谈实践、参观访问、问卷结果分析、课件制作、包装设计、营销推广等学科外利于培养学生科学素养的实践过程。在这一综合实践过程中，不仅体现出的是学生研究过程中微观析宏观、过程析结果、现象析本质的研究思路，更是学生构建文化与经济、物质与生活、个人与社会之间的关联。学生真正从课本走出来、从校园走出来、从自我走出来，融入真实的社会生活。

本次课主题中的学生活动方式主要为展示、交流、评价。

（三）目标分析

根据本课程规划纲要中确立的课程教学目标，基于本次课的活动分析及学生分析，撰写本次课的教学目标如下。

课程结果性目标：查阅资料，设计实验方案，明确实验基本过程和原理，酿造蒸馏酒产品。

课程体验性目标：

（1）在搜集酿酒菌种和原料过程中，体验不同菌种、原料与酿酒品质的关联。

（2）在对谷类原料进行处理的过程中，体验材料处理时间、工艺与酿酒品质的关联。

（3）在设计、选取、组装酿造装置的过程中，体验酿酒容器与酿造操作间的关联。
（4）在对酿造原液进行蒸馏的过程中，体验蒸馏装置、方法与最终产品间的关联。
（5）在对发酵液中微生物分离培养过程中，体验微生物种类、数量与发酵产物的关联。
（6）在对产物进行检测的过程中，体验实验现象与原理间的关联。
（7）在交流展示的过程中，体验实验结果与操作过程间的关联。

（四）资源分析

本次课为室内的展示交流课，所用主要教学资源如表 1 所示。

表 1

教学资源	选用意图	来源
平板	辅助推进教学环节，展示图片相互评价等	科大讯飞
PPT、投影	用于教学引入及小组展示交流	学校多媒体设备
黑板	板书本堂课活动中的关键信息，呈现学生观点、辅助教师提升讲解	学校教室

（五）主题分析

本节课的目的是及时总结提高下一次综合实践活动的效率，促使学生养成总结的习惯。学生对酿制蒸馏酒的过程很感兴趣，在活动中全身心投入，小组配合，合作探究。综合实践课不仅要有活动，更要学生能够自主在活动中获取知识，这种认知需要反思、内化，需要展示交流，这样才能不断总结收获，升华学生的情感体验。虽然学生的动手能力大大超出预期，但不免有一些结果不如意的地方，对实践结果正确看待，正确积极分析活动结果也是学生进步过程中必不可少的场景。从整个综合实践过程来看，由于活动过程和结果的形式多样，就更需要学生通过展示交流来提高准确、清晰的能力。

按课程规划纲要的课次规划，基于前面对本次课程活动与学生的分析，将本次课的活动主题确定为蒸馏酒酿造成果的展示交流与改进。

二、教学实施设计

（一）教学环节

按课程规划纲要的课次规划，本次课为核心问题教学中的评价反馈环节，其中包括小组展示并自评、小组互评、课程总结、修改报告、资料入库及申请认定五个子环节，具体教学设计如表 2 所示。

表 2

活动环节	学生活动	教师活动	活动目的
教学引入：课程回顾（约 3min）	聆听、思考，做好交流准备	简单回顾整个综合实践活动的过程，引出本节课的主要内容	明确本节课的主要内容

（续表）

活动环节	学生活动	教师活动	活动目的
小组展示交流（约 19min）	分小组展示 1. 调查访问参观 （1）设计问卷和访谈内容 （2）调查访谈学习过程 （3）调查访谈结果结论 2. 酿酒操作探究 （1）设计探究方案 （2）实验探究过程 （3）探究结果和反思 3. 设计、推广和宣传（某方面拓展） （1）酒类包装设计 （2）品牌推广设计 （3）健康法制宣传设计	简单记录并总结	给学生一个整体印象，并增强目标的针对性
学生互评、互评（约 10min）	小组评价，建议与反思	对学生评价适当引导	交流分享、反思提升
课堂小结（约 3min）	学生聆听思考	教师从整个综合实践活动过程进行评价，总结考察探究类综合实践活动的一般过程 教师从学生综合实践课体现的实践性、活动性、综合性、研究性进行简要评价	透过现象看本质，促使学生更深刻理解活动的意义 为活动的进一步开展做铺垫
修改报告（约 10min）	基于获得的评价反馈信息，修改研究报告	对各小组研究报告的修改加以进一步指导与答疑	通过修改研究报告，加深学生对整个研究过程的认识，促进学生体验过程与结果、过程与方法之间的关联
资料入库（约 5min）	汇总、整理研究过程资料	对学生课程资料的整理进行指导与点拨	通过对课程研究资料的满意、整理，进一步提升学生重视初评、关注过程、珍视成果的研究素养
申请认定（约 10min）	基于修改后的研究报告，研讨形成酒类拓展成果[（1）酒类包装设计；（2）品牌推广设计；（3）健康法制宣传设计]，准备提交学校课程教学处	参与研讨，对学生撰写蒸馏酒消费报告和酒类拓展成果提出建议，并进行指导	通过撰写研究报告和拓展成果并提交课程教学处，进一步提升学生寻求成果认定、实现社会价值的意识与能力

（二）评价预设

1．对课程引入的评价：侧重从整个课程背景评价，引出本节交流分享课。

2．对小组展示课的评价：对内容不做评价，注重下一活动中学生评价。

3．对小组间互评的评价：肯定和鼓励小组评价。

4．教师总结与提升评价：对学生展示出的内容进行“四性”评价，主要侧重“研究性”评价。

（三）板书设计（如图 1 所示）

蒸馏酒酿制与推广——“展示交流”	
一、确立课题	
1．发现并提出问题	
2．提出假设和研究方法	根据学生
二、实施课题	
1．进行探究	
2．得出结论	现场回答生成
三、总结和展示	
1．交流、评价	
2．反思和改进	

图 1

（四）教学流程（如图 2 所示）

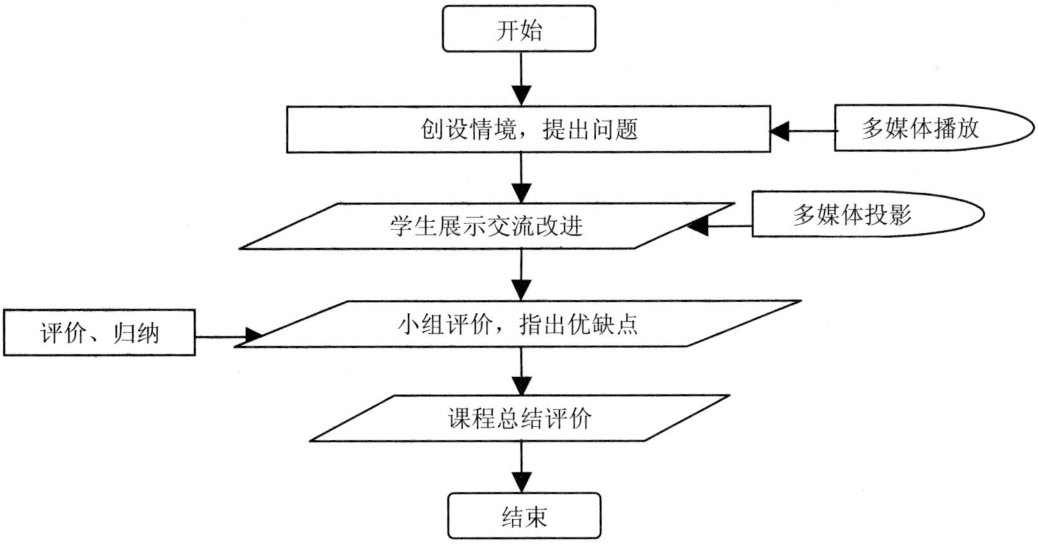

图 2

三、教后评价反馈

（一）信息搜集

搜集学生提交的“小组互评表”，12 份中 12 位同学都可以找到其余两组的优点和不足，并通过文字表述，说明都具备基本的实验研究素养。有 7 位同学可以准确写出对另外两组的“优点和不足”，并且不止一条，有 3 位同学还对其余小组的实验给出了明确的“建议”，且符合实验原理。

从结果性目标完成的情况来看，12 名学生全部达到实验的要求，都充分投入综合实践学习中。从体验性目标完成的情况来看，学生基本上通过实验达成了体验性目标，有部分同学未能清晰表述实验过程与结果的关联，也不能够提出自己新的意见。

（二）自我评价

第一小组着重展示了不同酒曲对酿酒的影响结果原因及反思并推出了面向年轻人的酒类新品牌“风度”。第二小组着重展示了他们调查访谈的结果和结论，以此结合参观学习确立了探究方向——不同原料对酿酒结果的影响，随后对结果和原因进行了分析，最终结合饮酒与健康的利弊分析，制作了针对老年饮酒群体的健康宣传文案。第三个小组着重分享了他们自主设计调查问卷的技巧，一方面通过传统纸质问卷进行调查，另一方面通过门户网站完成问卷设计，生成二维码和链接再借助社交软件（QQ 和微信等）进行大范围取样，增加了问卷调查的可靠性。三个小组均通过展示调查数据，分析酒的认知现状，确定研究课题，进行实验和分析结果及反思改进，最终进行拓展应用，整个活动探究过程的研究性体现在以下方面。

第一层次：学生主动探究如何“酿出酒”——学生在生活中接触酒类产品，在语文学习中了解酒类文化，在生化学习中知晓酒类原理，进而主动提出问题、确定主题、文献研究、制定方案、实验研究、观察研究等科学方法的基本规范和操作要领进行研究。

第二层次：学生进一步探究如何“酿出不同的酒”——三个小组组内初步研究学习后，分别主动提出研究方向，即“不同原料对酿酒的影响、不同酒曲对酿酒的影响和不同酒曲量对酿酒的影响”引导学生控制变量，找出关联，进行研究。

第三个层次：学生主动检验“确定酿出的酒”——学生在现有条件支持下，初步通过“嗅觉判断浓烈和香型”，再次验证“化学酸性重铬酸钾氧化还原，颜色反应判断含量差别”，检测测量“酒的度数，利用酒精计读取度数”一系列量化判断的研究过程。

第四个层次：小组合作探究“找不同酒的原因”——学生知道酿酒的主体是微生物，但不同酿酒环境微生物的差别有哪些？学生自主通过研究发酵液中微生物的种类和数量进行探究。学生结合资料，设计出了两条途径。一是显微镜直接观察，初步判断微生物的种类和数目，二是利用微生物实验室培养技术，经过培养基制备、系列梯度稀释、接种、培养、观察计数的过程中研究不同实验与微生物的种类和数量的关联再到不同酒的关联。学生此阶段的研究过程涉及微观和宏观，过程析结果的过程。

第五个层次：小组内部合作研究得出结论，进行展示、互评和自省反思，最终提出新的思路，学生在研究过程中依据结果不断论证原因，提出新的问题、进行新的改进措施，在内化研究的过程中进入新的研究环节。

综上所述，学生在诗词、生活和课堂学习中知晓了酒，想去认识酒、研究酒，最好的方法和途径就是去调查、去动手操作酒。学生通过调查、访谈和参观学习接触了各类与酒相关的人与事，了解、发现了许多新的现象和问题。通过查资料和思考，初步深入知晓了酒，同时也更想去进一步探究酒的本质问题，于是学生自己设计探究实验来酿造不同的酒，将酒所包含的物质与文化信息内化成自身认知的一部分，整理这些信息与生活、文化和经济等外部信息建立新的联系，通过包装设计、营销推广或者文化健康宣传等其他方式外显出来，最终形成新的、差异化的成果进行分享、交流表达，完成对蒸馏酒的完整认识过程。这一过程也是认识所有事物的一般过程，本节课的学生实践活动即是围绕这一基本过程设计开展的，能够提高本课程切实提高学生的科学素养。

（三）反馈调整

1．为了让活动顺利有序开展，需要提前设计一些综合实践活动方向，让学生在一个范围里选择，而不是学生随意探究，这样可以避免一些不确定因素出现，稳扎稳打。如果后续需要继续探究或者额外探究，则再去探究可行性。同时，对计划开设的研究方向教师要提前规划好器材和材料，这样方便学校统一安排。

2．时间上的调整：合理规划时间，给学生充足的展示时间，以及针对学生的展示要围绕核心问题进行充分讨论，尽可能让学生深入挖掘实验过程中的感受，达成多元化的教学目标。

3．评价方面的调整：针对活动实施的调整，有必要在学生评价上更加具体化和规范化，可以重点针对一两个点充分评价，比如，实验过程中变量的控制原理、改进和预期依据等等。在评价过程尽可能调动学生进行评价，让不同的思维碰撞出火花。

蒸馏酒酿造实验报告

（一）酒曲对蒸馏酒酿造的影响研究

<table>
<tr><td>姓　名</td><td>王昱人（组长）　梁昕昕　赵婷婷　徐嘉珞</td></tr>
<tr><td>实验目的</td><td>探究是否加复合酒曲对酒曲制作的影响
探究不同酒曲对蒸馏酒酿造的影响</td></tr>
<tr><td>实验材料</td><td>糙米，豌豆粉，小麦，麸皮，复合酒曲，蒸馏水，牛肉膏，蛋白胨</td></tr>
<tr><td>实验用具</td><td>陶瓷罐，烧杯，锥形瓶，蒸馏装置，培养皿，玻片，光学显微镜，量筒，高压蒸汽灭菌锅</td></tr>
<tr><td>实验方法
步骤</td><td>1．查阅相关资料，了解相关知识，进行理论知识的学习；去水井坊实地参观，了解酿酒的过程
2．网上采购酿造所需材料
3．制备不同酒曲
具体步骤：混合不同比例的酒曲原料，静置发酵一段时间（如表 1 所示）

表　1
<table>
<tr><th></th><th>酒曲 1</th><th>酒曲 2</th></tr>
<tr><td>豌豆</td><td>58g</td><td>60g</td></tr>
<tr><td>小麦</td><td>87g</td><td>90g</td></tr>
<tr><td>麸皮</td><td>15g</td><td>15g</td></tr>
<tr><td>复合酒曲</td><td>少量</td><td>0</td></tr>
</table>
4．用不同酒曲酿造蒸馏酒：将不同酒曲分别与糙米混合均匀，放置在干净环境中（如表 2 所示）

表　2
<table>
<tr><th></th><th>原料</th><th>酒曲</th></tr>
<tr><td>A 组</td><td rowspan="4">糙米</td><td>复合酒曲</td></tr>
<tr><td>B 组</td><td>酒曲 1</td></tr>
<tr><td>C 组</td><td>酒曲 2</td></tr>
<tr><td>D 组</td><td>不加酒曲</td></tr>
</table>
5．蒸馏提纯
6．观察记录实验现象
7．分析实验结果
8．得出结论
9．展示汇报实验成果</td></tr>
</table>

（续表）

<table>
<tr><td>实验记录</td><td>1. 酒曲制作
酒曲 1 无明显变化，酒曲 2 表面出现少量菌丝。
2．酒的酿造（如表 3 所示）

表　3
<table><tr><th></th><th>A 组</th><th>B 组</th></tr><tr><td>是否出酒</td><td>是</td><td>是</td></tr><tr><td>酒精浓度</td><td>\</td><td>\</td></tr><tr><td>酿造时长</td><td>10.24—11.20</td><td>11.7—20</td></tr></table></td></tr>
<tr><td>实验结论</td><td>1．是否加入复合酒曲以及酒曲放置的环境对其微生物的生长有影响
2．酵母菌含量高的酒曲更有利于酒的发酵
3．未加酒曲也有可能成功发酵，只是成功的概率较低，周期较长</td></tr>
<tr><td>实验反思与改进</td><td>1．制作酒曲中考虑不全面的地方
（1）拌料不匀
（2）湿度不足
2．在检测酒中的微生物种类时，接种培养后发现培养基中均未明显观察到酵母菌，大多为未知微生物的孢子
改进
（1）先在一个较大的消毒后的容器中，将原料与酒曲充分搅拌，再入坛发酵。这样能够使酒曲中的微生物与原料充分接触，发酵更加彻底
（2）拌料时加适量的水，保持一定的湿度，有利于酒曲中的微生物生存，且放置阴湿的地方，以保持水分
（3）碾磨要更加充分
（4）在酒发酵过程中尽量避免开盖，防止空气中杂菌进入</td></tr>
</table>

蒸馏酒酿造实验报告
（二）粮食种类对蒸馏酒的影响研究

姓名	张瑜玮（组长）　李嘉翌　吴　可
实验目的	1．体验蒸馏酒的制作方法 2．探究粮食种类对蒸馏酒口感的影响
实验材料	高产酒曲，高粱，糯米，小麦，稻壳，食盐水，牛肉膏，蛋白胨，蒸馏水
实验用具	陶瓷罐，烧杯，锥形瓶，蒸馏装置，培养皿，玻片，光学显微镜，量筒，高压蒸汽灭菌锅，温度计

实验方法步骤

1．查阅相关资料，了解相关酿酒的知识，进行理论知识的学习；实地参观水井坊，了解酿酒的一般过程

2．网上采购酿造所需材料

3．制备不同酒曲

4．酿酒并蒸馏

具体流程如图 1 所示。

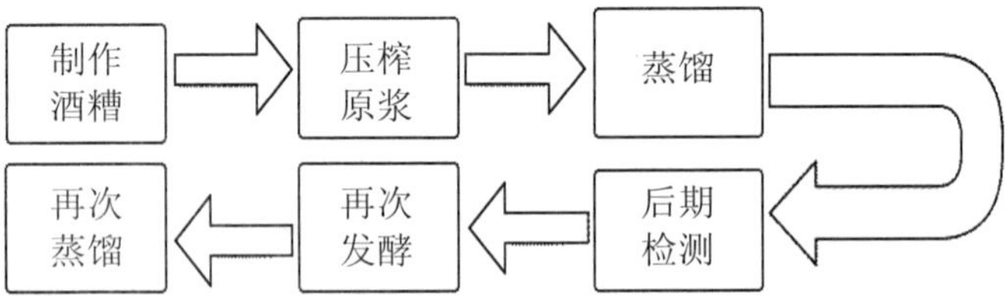

图　1

步骤一：制作酒糟

1．粮食处理：粉碎，蒸煮

2．比例投入：1g 高产酒曲和辅料稻壳 400g

3．加水 250mL 混合均匀

4．入坛封存

分组如表 1 所示。

表　1

配方＼实验组	第一组	第二组	第三组
高粱	500g	500g+500g	500g
小麦	500g		
糯米			500g

自变量：粮食种类

因变量：蒸馏酒的口感

无关变量：温度，酒曲等

（续表）

实验方法步骤	步骤二（如图 2 所示）： 压榨原浆并将酸性重铬酸钾加入少量原浆中检测酒精 压榨获得原浆——靠物理压力将液体直接从原料中分离出来，保证产品安全、卫生、无污染，天然营养不受破坏 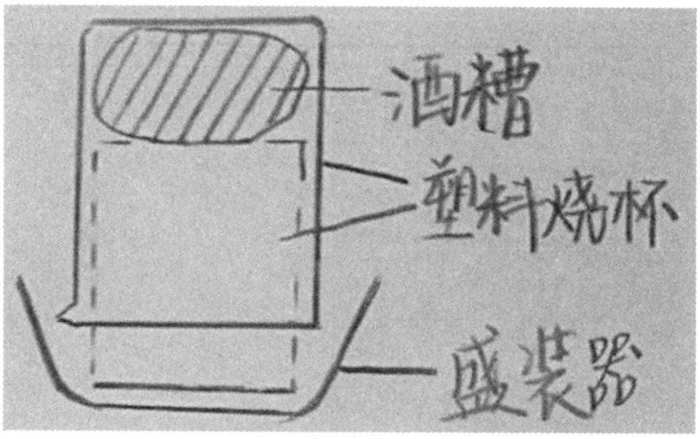 图　2 步骤三（如图 3 所示）： 蒸馏 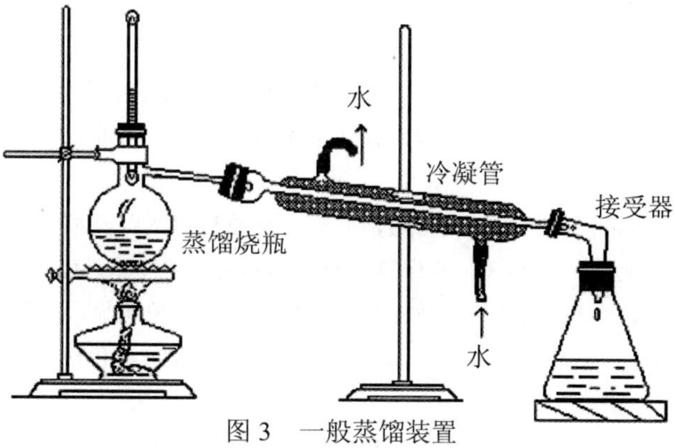 图 3　一般蒸馏装置 步骤四： 获得馏分，静置观察 检测酒精的度数 步骤五： 后期检测——观察主要微生物 步骤六（如表 2 所示）： 再次发酵蒸馏 1．观察记录实验现象 2．分析实验结果 3．得出结论 4．展示汇报实验成果

（续表）

<table>
<tr><td>实验记录</td><td>

表　2

度数	16℃，稀释 5 倍
高粱+小麦	5.5
高粱+高粱	10.7
高粱+糯米	7.6

</td></tr>
<tr><td>实验结论</td><td>实验总结
根据原浆判断：
第一组略带清香
第二组出水率最高，香味浓厚
第三组略有甘爽</td></tr>
<tr><td>进一步研究方向的思考</td><td>实验反思：
1．蒸馏后，发现得到的酒中还有杂味（焦煳味）
改进：蒸馏时不能爆沸，要降低蒸馏的温度，适当延长蒸馏时间
2．蒸馏后，发现得到的酒精含量较少
改进：在酿酒时，应该先混合再入坛。否则，会导致混合不均匀，原料无法与酒曲充分接触，导致后期发酵不充分
1．在用原浆进行微生物检测时，培养皿上出现白色，黄色的斑点
实验过程中灭菌不彻底，导致原浆中除酿酒相关微生物外还存在其他的杂菌，干扰实验
2．原料与辅料入坛前未均匀混合，在后期酿造中，底部未混有辅料的原料在发酵与上层原料发酵存在差异
3．压榨原浆时溶液未进行过滤，溶液底部存有原料残渣以及稻壳。蒸馏时，稻壳等物质在高温加热下转化为炭黑色物质，并释放类似铁锈的刺激性气味
4．蒸馏时温度无法精确控制，溶液受热不均，爆沸现象明显，高温气体无法在冷凝管中及时冷凝，部分酒精挥散于空气之中，在蒸馏过程中，出现鲜橙色液体，疑似原浆在空气中放置过久，发生变质现象
5．改进装置为水浴加热（置蒸馏烧瓶于 90℃热水中，用电磁炉持续加热），由于热水蒸发表面积过大，蒸馏 50min 没任何液体流出，温度计温度保持在 45℃左右
针对以上问题的改进措施：
1．对培养液进行高压蒸汽灭菌，并且接种等过程在酒精灯火焰旁进行
2．先将原料、酒曲置于容器，混合均匀后再入坛。发酵过程避免开盖，引入杂菌
3．对原浆先过滤再蒸馏
4．蒸馏时用水浴加热
（1）常温可加热到高于 100℃（最好约为 200℃），无挥发性，溶液无毒
（2）物质在加热时进行放热反应
（3）用温度计控制溶液温度。当蒸馏烧瓶支管口温度高于 90℃时，暂时停止加热
5．在蒸馏装置上还得再做一些改进</td></tr>
</table>

蒸馏酒酿造实验报告

（三）酒曲质量对蒸馏酒酿造的影响研究

姓名	李浩男（组长）　胡佳欣　郑　磊
实验目的	1．掌握蒸馏酒的制作方法 2．探究酒曲的质量对蒸馏酒酿造过程中产生酒精量的影响
实验材料	酒曲成品，新鲜小麦，食盐水，牛肉膏，蛋白胨，蒸馏水
实验用具	陶瓷罐，烧杯，锥形瓶，蒸馏装置，培养皿，玻片，光学显微镜，高压蒸汽灭菌锅
实验方法步骤	1．查阅相关资料，了解相关酿酒的知识，进行理论知识的学习；实地参观水井坊，了解酿酒的工艺 2．网上采购酿造所需材料 3．酿酒 因为课题为探究酒曲的量对产出酒精的影响，故酒曲应保证质量一样且有效，故直接购买的酒曲成品 分组 第一组：新鲜小麦 1000g 无酒曲 第二组：新鲜小麦 1000g 酒曲正常剂量 22 粒（48.4g） 第三组：新鲜小麦 1000g 酒曲双倍剂量 44 粒（96.5g） 相关变量 自变量：酒曲质量 因变量：产生酒精的量 无关变量：原料、温度、时间、浓度 对粮食的处理： 取新鲜小麦 3000g→加入适量水煮熟→取出冷却 →碾碎酒曲加入适量水→装坛静置发酵（如图 1 所示） 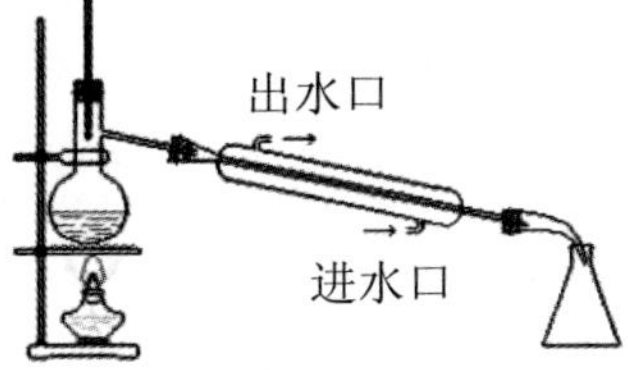 图　1 压榨获得原浆——靠物理压力将液体分直接从原料中分离出来，保证产品安全、卫生、无污染，天然营养不受破坏 4．蒸馏，获得馏分 5．培养菌落并观察菌落，观察原浆临时装片 6．检测酒精的度数 7．观察并记录实验现象 8．分析实验结果，得出结论 9．展示汇报实验成果

（续表）

<table>
<tr>
<td>实验记录（如表1所示）</td>
<td>
<table>
<caption>表 1</caption>
<tr><th>组号</th><th>稀释后体积</th><th>稀释后度数</th><th>酒精：水体积比（稀释前）</th><th>稀释前度数</th></tr>
<tr><td>1 初始 10mL（无酒曲）</td><td>40mL</td><td>2.4°</td><td>9.04：0.96</td><td>9.6°</td></tr>
<tr><td>2 初始 10mL（正常酒曲）</td><td>40mL</td><td>6.5°</td><td>7.60：2.60</td><td>26°</td></tr>
<tr><td>3 初始 8mL（双倍酒曲）</td><td>40mL</td><td>5.5°</td><td>5.80：2.20</td><td>27.5°</td></tr>
</table>
</td>
</tr>
<tr>
<td>实验结论</td>
<td>1．酒曲放得多会使度数高一些，但效果不明显
2．在其他条件一定的情况下，酒曲的量与产生酒精的量有一定的关系，但并不是成正比例关系</td>
</tr>
<tr>
<td>进一步研究方向的思考</td>
<td>现象及分析
现象：酿造出的蒸馏酒呈酸性且带有酸味
分析
1．工艺不卫生，产酸菌大量入侵
2．酒醅中蛋白质过剩，酒曲用量太大
3．温度高，水分大，发酵期长，淀粉浓度高。此外，蒸馏时，不能合理地除去酒尾，致使高沸点含酸较高的成分流入酒内，使酒中酸味成分增多
后续观测及相关改进
后续现象
1．在经历四个月的空白期后，再次对发酵坛进行了检测
2．坛中小麦表面有一层厚厚的白膜，靠近闻还有一股酸味
相关改进
1．控制相关温度
2．控制每一份蒸馏前的原浆体积相同
3．控制蒸馏的时间相同
4．装置设备的改进（挤压原液所用的装备）
5．控制放置时间（三者相同，避免挥发）</td>
</tr>
</table>

学校操场上空飞虫的防治

川大附中项目课程开发实施规划纲要

课程首席教师　杨　琼（生物组）
课程参与教师　周　樨　颜　玲（生物组）

课程名称	学校操场上空飞虫的防治							
课程类型（勾选）	√	必修的综合实践活动课程		必修的劳动课程		选修的学样课程		选修的校本课程
实施对象	高二年级学生		建议选课学生人数			12 人		
课程课时及上课时段	5 次 10 课时，划定课程时间							
课程背景	（一）课程开设背景分析 我校虽然占地面积不大，但非常精致。校园的操场中间有一块绿色的草坪，同学们在课间或放学后都喜欢三五成群地到草坪上踢足球、追逐嬉戏。在这里，他们紧绷的神经能够得到放松。400m 的塑胶跑道是饭后老师和同学们散步的好地方，这里也是体育健儿们锻炼的好场所，但每年 9—11 月，操场上空都会有一些飞虫聚集，尤其是学生在运动过程中、运动后和散步时均会发现大量飞虫，黑压压的一片在头顶聚集盘旋。尽管这些飞虫不会吸血，但这些飞虫可能携带细菌和病毒进而引起疾病的传播。由于种群数量大、分布广，有时甚至出现在操场上散步时“飞虫扑面而来，一不小心飞虫就糊一脸”“一吸气飞虫就能吸到气管里”的现象。飞虫对学校师生的生活造成了一定的影响 在未知飞虫具体类型的情况下，对空中飞虫的防治，最为常见的措施就是喷施杀虫剂，使用驱虫药物等。校园是师生生活的关键场所，学校操场是师生运动健身、各类学生活动开展的重要场地，学校操场常有大量师生聚集，且空间开放，使用杀虫剂和驱虫药效果不佳，且不利于人体健康和环境保护。相比化学防治，机械防治和生物防治对环境污染较少，机械防治在这样一个师生高频出现的场所也不适合使用，兼顾效果和环保的生物防治必将是最佳的选择，但具体使用怎样的措施，需要先研究清楚飞虫的类型与生活习性，方可对症施策 在保证师生健康，保护校园生态环境的基础上，减少飞虫数量，优化学校操场的环境，为师生提供更加舒适的校园生活环境是每一个川大附中人应承担的责任。为达到这一目的，我们拟定课程《学校操场上空的飞虫的处理》，学生们通过对学校操场上空的飞虫进行观察、查阅相关资料，判断给大家带来困扰的究竟是哪种昆虫？这种飞虫具有哪些生活习性？对人类有没有危害？如何对这种飞虫进行防治？从而研究制定出相关的飞虫处理措施方案。通过实践研究从多个方面探寻学校操场上空的飞虫的防治方法，为学校操场上空的飞虫处理提供切实可行的措施建议，为营造美丽的校园贡献一份力量								

（续表）

课程背景	（二）课程资源背景分析 1. 硬件资源背景：在学生们亲身体验的基础上，教师实地多角度录制操场上空飞虫视频在屏幕上播放，给学生强烈的视觉冲击，可以为课题中的提出问题部分提供支撑；生物数字实验室、生物实验室可以辅助学生完成资料查询、方案设计以及相关的实验观察和试验 2. 人力资源背景：课程教师源自生物学专业，可以为学生进行生物观察研究提供指导，学生的化学、物理等学科教师可以为学生制定物理、化学等飞虫处理措施提供帮助指导；课程教师能够协助学生进行研究设计、试验实施和报告整理撰写 （三）学生背景分析 1. 知识储备方面：本课程参与的同学为高二年级的学生，经过一整年的高中生活，他们对学校环境已然非常熟悉；通过初高中生物学和化学等学科知识的学习，他们形成了一定的应用相关学科视角观察生活现象和思考生活问题的习惯；经过多次实验室观察类实验的实际操作演练，他们具备了一定的独立观察、记录和分析飞虫等新事物的能力；他们对本课程所需要用到的文献法等稍微欠缺，需要老师指导 2. 研究素养方面：我校的办学特色是“培养—研究型”大学附中，“以研究性课程和研究性教师培养研究性学生的特征”，学生在高一入学即参与综合实践活动研究性课程中来，且在各类课程中不断深入研究型特色，学生们具备了研究的基本素养，但在具体的研究方法和研究操作的能力的态度上还需历练 3. 研究意愿方面：随着生活水平的提高，学生大多来自城市家庭，学生们对生活环境的要求是比较高的，校园生活占据学生生活的绝大部分时间。在我校学生自主管理活动的倡导下，学生们的主人翁意识很强，希望通过自己的努力解决校园角落的各类问题，尤其是操场上空的飞虫聚集于头顶影响生活体验等普遍问题。学生们为自己能为校园环境优化贡献一己之力感到骄傲
课程内容 （核心问题）	研究我校操场上空的飞虫特征，进行飞虫处理并撰写相关研究报告 问题： 1. 操场上空的飞虫是什么 2. 操场上空的飞虫有哪些习性特征 3. 操场上空的飞虫对人类有害吗？如何防治 活动：捕捉操场上空的飞虫进行观察；查阅文献鉴别飞虫；从多方面寻找有效的飞虫处理措施并撰写研究报告
课程目标	（一）结果性目标 能够成功捕捉并鉴别操场上空的飞虫，制定安全环保的飞虫防治措施 （二）体验性目标 在认识和处理操场上空飞虫的过程中，体验生物防治与环境保护之间的关联。在防治飞虫过程中，体验理论与现实可能存在的差距

（续表）

<table>
<tr><td></td><td>课次</td><td>主题</td><td>研究环节</td><td>学生活动</td><td>课前课后任务</td><td>活动地点</td></tr>
<tr><td rowspan="11">课次计划</td><td rowspan="4">1</td><td rowspan="4">提出问题：课题研究方向及问题的确立</td><td>发现问题</td><td>观看教师实地拍摄的飞虫视频和照片，体验操场上飞虫聚集现象，并结合自身的生活经验，发现问题</td><td rowspan="4">课前：资料查询，体验操场上空的飞虫聚集
课后：对飞虫进行观察，了解飞虫习性</td><td rowspan="4">生物数字实验室</td></tr>
<tr><td>初步体验观察飞虫聚集</td><td>到操场上实地观察飞虫的具体现象，初步了解飞虫聚集的特征</td></tr>
<tr><td>组建团队</td><td>自由组建研究团队</td></tr>
<tr><td>确定小组课题</td><td>围绕研究方向查阅文献，各小组确定具体研究课题</td></tr>
<tr><td rowspan="2">2</td><td rowspan="2">解决问题
1 鉴别飞虫，初步制定飞虫治理方案</td><td>观察鉴定飞虫</td><td>在课前观察捕捉飞虫的基础上，通过相关的仪器辅助观察飞虫结构，查阅图鉴鉴别飞虫类型</td><td rowspan="2">课前：室外实地观察飞虫具体的分布情况，查阅资料，了解飞虫的习性
课后：根据飞虫种类及生活习性实施实验，按方案设计尝试处理飞虫</td><td rowspan="2">生物数字实验室</td></tr>
<tr><td>制定飞虫处理方案</td><td>根据飞虫类型查阅资料，结合实地观察的飞虫习性特征合作制定飞虫处理方案</td></tr>
<tr><td>3</td><td>解决问题
2 根据实践操作修订调整飞虫处理方案，提出处理建议</td><td>实践修订</td><td>基于课前对飞虫处理措施的实践尝试，对飞虫处理的具体过程和结果进行分析，修订处理优化飞虫处理方案，尝试提出切实可行的处理学校操场上空飞虫的建议</td><td>课前：汇总、整理尝试处理飞虫的研究数据
课后：对总结出的飞虫有效处理措施进行再实验，优化处理建议</td><td>生物数字实验室</td></tr>
<tr><td rowspan="3">4</td><td rowspan="3">反思提升：形成操场上空飞虫处理研究报告</td><td>整理资料</td><td>完善、汇总、整理实践研究资料</td><td rowspan="3">课前：搜集完善飞虫处理的实验研究记录
课后：对课堂上形成的飞虫处理措施研究报告进一步提炼</td><td rowspan="3">生物数字实验室</td></tr>
<tr><td>反思研讨</td><td>基于研究资料和数据，对飞虫处理措施进行反思、总结</td></tr>
<tr><td>撰写成果报告</td><td>形成飞虫处理措施研究报告</td></tr>
</table>

（续表）

课次计划	5	评价反馈：飞虫处理研究成果的展示交流并且进行评价	自评互评	分组展示，交流与评价	课前：小组分工，明确展示任务	生物数字实验室
			修改报告	基于获得的评价反馈信息，修改完善的研究报告	课后：完善操场上空飞虫处理建议书并提交给学校相关部门	
学生作品	1．川大附中操场上空飞虫的处理研究报告 2．川大附中操场上空飞虫处理措施建议书 3．学生自制的飞虫处理工具					
评价方式	1．课题研究过程中生生、师生间的多向、多元评价 2．调研报告的等级评定 3．飞虫防治的效果					
安全保障	一般课程保障					
条件保障	课程开发组外部保障：生物数字实验室、生物实验室，师生观察、文献研究等的软硬件支持 课程开发组内部保障：具备一定的生物学知识及具有一定的研究能力，尤其是科学探究能力的生物教师指导					
开发次第	课程为首次开发					
课程审批	1．课程教学处：　　签　章　　年　月　日 2．学生发展处：　　签　章　　年　月　日					

学校操场上空飞虫的观察鉴定与初步处理方案制定

一、教学分析设计

（一）活动分析

作为本门课程的第二次课，对后面几次课的开展起着极为关键的奠基作用。通过第一次课，学生们对学校操场上空飞虫聚集的不适体验被调动起来，产生了处理学校操场上空的飞虫，营造舒适校园操场环境的强烈愿望。面对如“操场上空的飞虫是什么？操场上空的飞虫有哪些习性特征？操场上空的飞虫对人类有害吗？有何生态价值？如何有效降低操场飞虫数量，减少飞虫在人体周围的聚集？”等一系列问题，学生们自由组建研究小组，从环境治理间接降低飞虫数量、诱杀处理直接减少飞虫数量和个人护理减少飞虫聚集三个方面初步确立了各小组的研究方向。然而，具体的处理措施必须要建立在知道飞虫是什么生物、有何生活习性的基础上。为此，各小组先制定了各自接下来的近期观察计划，持续一周，从不同的校园中（我校和旁边的四川大学操场）、同一操场的不同区域（绿色草坪区和红色塑胶跑道区、操场和教学区之间的空地，并用五点取样和等距取样的思路选择多个观察点）、不同时间（早上、中午、傍晚）、不同天气（晴天、雨天、阴天）以及不同的身体状况（运动前和运动后）等维度进行操场上空飞虫分布与数量特点进行观察并做好相关记录。通过这样的方式初步了解操场上空飞虫的一些生活习性，并在第二次课上课前捕捉了部分飞虫，为第二次课的开展做了较为充分的准备。

本次课主题中的活动内容确立为“观察鉴定飞虫种类，初步制定飞虫处理方案”。

（二）学生分析

经过课前观察，各研究小组的同学们对操场上空的飞虫的分布与习性已经有了一定的了解。学生们对操场上空的飞虫到底是什么？是否有害？如何处理等问题有了更加强烈的探究欲望。作为高二年级的学生，经过初、高中的生物实验课程学习，他们具备了放大镜、显微镜的基本操作基础，能够较为顺利地制作生物学临时装片，对生物的常见分类有了一定的了解。通过日常生活中对蚊虫和鼠害进行防治的经验，学生们对害虫防治有了一定的尝试经验。在“培养—研究型”办学特色的熏陶下，通过高一时期的综合实践活动课程研究和理科实验课程的探究训练，学生们具备了一定的研究素养。当然在研究方法和知识储备上学生是比较欠缺的。针对本次课，课题组教师能够辅助学生完成实体镜观察操作，指导学生查询图鉴认识陌生生物，指导学生查阅文献获取相关信息。

本次课主题中的学生活动方式主要为分工合作通过多种方式观察飞虫的结构特征，并对飞虫种类进行鉴定，根据飞虫的结构特征和生活习性初步设计飞虫防治方案。

（三）目标分析

基于本课程规划纲要中所确立的课程教学目标以及本次课的活动分析及学生分析，本次课的教学目标设置如下。

结果性目标：

1. 通过飞虫结构特征观察及图鉴查阅鉴定飞虫种类；

2. 依据飞虫结构特征及相关生活习性初步设计出对应的处理方案。

体验性目标：

1. 在飞虫的观察和鉴定过程中，体验生物的结构特征观察与飞虫类型鉴定的关联；

2. 在初步设计飞虫处理方案的过程中，体验生物的结构特征与生活习性与生物防治处理方法之间的关联。

（四）资源分析

本次课为室内的观察探讨课，所用主要教学资源如表 1 所示。

表 1

教学资源	选用意图	来源
放大镜、显微镜、实体镜	辅助学生观察飞虫结构	生物实验室
数字显微镜、投影	用于学生展示分享所观察到的飞虫结构特征	生物实验室多媒体设备
昆虫鉴定图鉴	辅助学生分析确定飞虫类型	学校图书馆
展台、投影	辅助学生展示交流飞虫处理方案	生物数字实验室多媒体设备
黑板	板书本堂课活动中的关键信息，呈现学生的主要观点、辅助师生提炼分析	生物数字实验室

（五）主题分析

根据本门课课程规划纲要的课次规划，基于对本次课程活动与学生的分析，鉴于课题后续课程的研究需要，特将本次课的活动主题确定为飞虫的观察鉴定与初步处理方案制定。

二、教学实施设计

（一）教学环节

根据课程规划纲要的课次规划，本次课为本门课核心问题教学中的第一个问题解决环节，主要包括飞虫结构特征观察与交流鉴定飞虫种类、飞虫处理方案的初步设计与交流两个学生活动，具体教学设计如表 2 所示。

表 2

教学环节	学生活动	教师活动	设计意图
教学引入 （约 5min）	各研究小组组长简要介绍本次课前小组持续一周的观察活动： 第 1 小组通过五点取样和等距取样等科学取样方法，随机对本校和川大体育馆旁边操场不同区域的飞虫具体情况进行了观察 第 2 小组在不同的天气条件和不同的时间对我校操场和川大体育馆旁操场上空的飞虫聚集情况进行了多次观察 第 3 小组对不同状态下不同性别同学，尤其是学生运动前后身体周围的飞虫聚集情况进行了观察。在此基础上，明确本课次的学习任务	引导学生回顾第一次课的主要内容，再次明确本门课的主要目的。引导各研究小组组长简单介绍各研究小组同学在课前开展的飞虫观察活动 引出本次课的主要研究任务：分组进行飞虫不同部位结构的观察并展示交流、鉴定飞虫种类，各研究小组讨论设计飞虫处理的初步方案并做交流完善	通过学生对第一次课主要内容的回顾和学生对为期一周小组观察活动的简要介绍，着重唤起学生对对操场上空的飞虫到底是什么是否有害？如何处理？等问题的兴趣，引导学生快速进入本课次的学习活动状态
分工观察 （约 20min）	三个小组通过放大镜、实体镜和显微镜等分别对飞虫的头部、躯干和足翅结构进行详细观察，搜集观察信息并查阅图鉴鉴别飞虫	教师先对昆虫结构进行简单的介绍，让学生明白需要区别的昆虫的主要部位。教师协助指导学生们操作相关仪器，鼓励学生们及时准确拍照记录观察结果，肯定学生在观察过程中体现出的创新、严谨的科学研究行为	通过学生自主观察和查阅，培养学生科学严谨和实事求是的观察研究能力，提升学生们的研究素养
观察成果 展示交流 （约 15min）	各研究小组记录员展示分享小组观察成果图，各组汇总成果查阅图鉴等资料确定飞虫类型	引导学生展示交流汇总观察研究成果，协助学生查阅资料鉴别飞虫类型	通过学生们的自主探究，合作共享达到鉴定操场上空飞虫的目的，培养学生团结互助，创新共享的科学研究意识
分组设计飞虫处理方案 （约 20min）	各研究小组根据前一个活动对飞虫的鉴定结果，查询飞虫的生活习性特征，检索飞虫处理措施。 各小组根据前期观察成果和查阅结果，小组讨论各自进行飞虫处理的初步方案	教师巡视指导学生查阅文献信息，鼓励学生综合已有研究，找准创新方向。 教师对学生实验方案设计中的相关问题进行答疑指导	肯定学生对已有研究成果的综合整理，肯定学生们善于有发现，并用于研究解决实际问题的社会责任感，鼓励小组成员间协同合作、大胆创新，创造性地完成后续工作

（续表）

教学环节	学生活动	教师活动	设计意图
交流完善处理方案（约 15min）	各研究小组展示交流各自的飞虫处理方案，表达各组方案设计时遇到的问题 各小组间相互答疑互评，质疑讨论，推动各组飞虫处理方案的进一步完善	教师记录各组飞虫处理方案的要点，各小组遇到的疑惑；引导学生探讨碰撞，在质疑和解疑中推动一个实验方案的修订完善	肯定学生全面考虑问题、关注自然、经济和社会持续协调发展的生态发展观和有效解决问题的社会责任感，通过小组展示和互评答疑，鼓励学生们充分发挥个人所长，推动团队实力提升
课堂总结（约 5min）	反思本次课活动中体现的科学研究方法，总结生物观察鉴定和处理的一般思路，形成适用于自身研究的方法技巧	教师与学生一道反思学生的观察、设计和交流与评价活动，对飞虫的研究鉴定和飞虫处理方案的研究设计过程、研究方法、研究成果等进行归纳提升	通过对本次课活动的反思总结，引导学生总结相关的科学研究方法和思路，帮助学生进一步体验生物结构与生物类型的关联，生物习性与生物处理的关联，体验科学研究中研究过程推进的复杂性和有趣性

（二）评价预设

1．教学活动中对学生即时、口语为主的评价预设

教学引入环节：让学生明确本节课的具体任务，清楚本次课在该门课程中的重要地位，对各小组为期一周观察活动的目的性和计划性提出表扬，鼓励学生巩固前期观察结果，激发学生对本次课的研究热情，为本次课的目标达到奠定基础。

学生观察过程：通过对各小组观察方式的选择和观察操作的规范性进行评价，鼓励学生综合各类仪器多角度观察并进行有效记录。重在引导学生保持严谨、细致、实事求是的科学研究态度，帮助学生树立一定的尊重事实并大胆创新的研究精神。

处理方案初步设计的过程：通过对学生小组内部成员查阅资料的方向、小组探讨氛围、小组方案中环保性、科学性和可行性的评价。引导学生全面关注飞虫的结构特征与生活习性，明确各类生物防治处理的共通之处与独特之处，鼓励学生用好已有的实验设计基础技能并充分结合实际情况，力求实验方案简洁实用，操作性强。

展示交流过程：在对飞虫结构观察结果交流的过程中，主要对学生有序严谨的观察思路和形象、直观、实事求是的观察记录过程进行正面表扬评价。引导学生根据观察材料和现有条件选择观察方法，设计观察操作，充分尊重观察数据和结果。在结合飞虫各部位结构特征鉴别飞虫的过程中，对学生综合各组观察成果，抓住关键信息特征进行评价。引导学生在复杂研究中学会分工合作，共享研究成果。在飞虫处理方案交流的过程中，主要对学生实验方案设计的科学性、严谨性、可操作性和学生们的倾听状态和提出的问题与答疑情况进行评价。引导学生们多角度融合思考和解决问题，让学生们懂得尊重、团结互助、取长补短在科学研究中的重要性。

课堂总结环节：主要对学生表现出的状态和学生在本堂课中的研究情况进行评价。引导学生们注重科学研究中的成果的搜集和方法的提炼总结，形成良好的研究习惯与研究素养，为未来研究铺路搭桥。

2．教学活动后的评价预设

从本次课的结果性教学目标和体验性目标达成情况进行评价，对学生搜集整理的观察结果和各小组设计修订的飞虫处理方案进行评价，并及时反馈，促进学生完善落实研究方案。

（三）板书设计（如图 1 所示）

学校操场上空的飞虫处理（第二次课）

——观察鉴别飞虫，制定飞虫处理方案

课程核心问题：研究我校操场上空的飞虫特征，进行飞虫处理并撰写相关研究报告。

一、观察鉴定飞虫 ⟹ 二、飞虫处理方案

观察成果：		方案要点	疑问
头部：	观察法： 文献法：	第 1 组：	
躯干：		第 2 组：	
足翅：		第 3 组：	
飞虫种类：			

图 1

（四）教学流程（如图 2 所示）

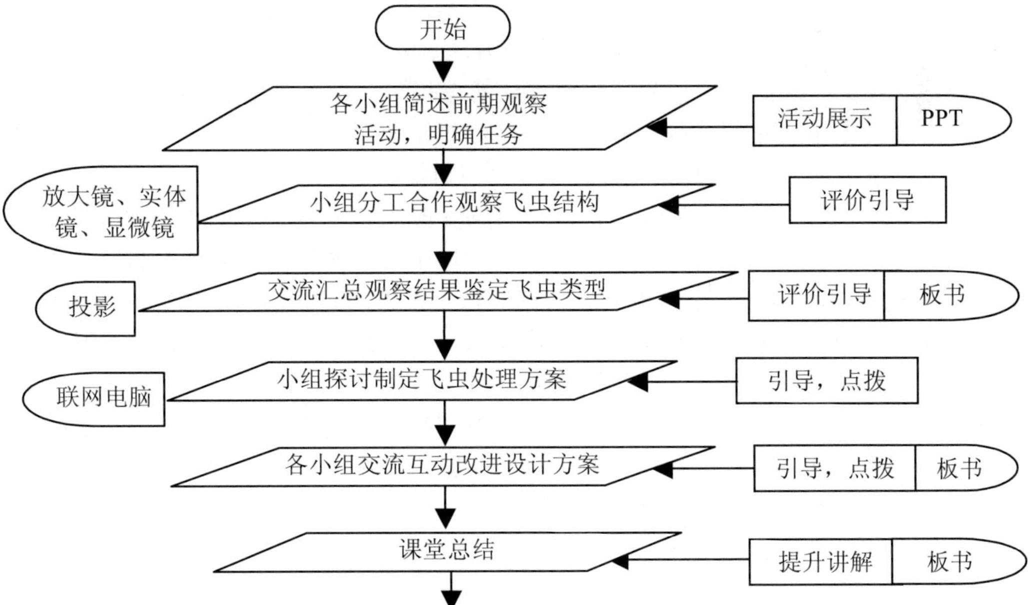

图 2

三、教后评价反馈

（一）信息搜集

课后认真回顾整理了课堂资料，对关键教学环节进行了反思。

（二）自我评价

本次课是本门课程中解决问题的第一部分“观察鉴定飞虫，制定飞虫处理方案”，从多个角度彰显了学生们在本门综合实践活动课程中的研究性。

在对飞虫观察鉴别的过程中彰显研究性，学生们在课前选取了多个维度进行了为期一周的观察活动，第 1 小组同学选择了我校操场和川大体育馆旁边的操场进行对比观察，在同一时间应用五点取样和等距取样的思路选择同一操场的不同区域的多个观察点进行观察记录，试图分析不同小环境中飞虫的数量差异；第 2 小组选择在不同时间（早上、中午、傍晚）和不同天气（晴天、雨天、阴天）状况下观察飞虫聚集情况的差异（两个地点进行）；第 3 小组则以班级同学体育课前后和休息时间操场上师生运动前后的状态为研究对象，对飞虫在人体周围聚集情况的差异进行观察分析。为准确检索飞虫种类，课堂上，同学们先用放大镜辅助观察飞虫整体结构特征，部分结构借助实体镜进行观察，对细微结构则通过小组间分工借助显微镜完成。观察无论是课前为期一周的室外实地观察，还是课上结构观察，同学们均通过手机拍摄和录像等形式如实记录观察到的相关现象。在对飞虫进行鉴定时，同学们充分融合各种观察数据，详细对比分析，共同合作，查找确定，最终明确学校操场上空的飞虫绝大部分是摇蚊。过程中的每个环节关联紧密，研究方法的选择、运用形式与要研究的目的、内容高度统一。这与科学探究中研究方法的选择与运用高度吻合，同学们在这样的研究方法选择与运用中获得了对科学研究方法，尤其是观察法和文献法的深度体验，研究方法的选择与运用彰显了研究性。

在飞虫处理方案制定的过程中彰显研究性，每个小组飞虫处理方案的制定均是基于对飞虫的结构或生活习性的观察和查阅。第 1 小组根据调查不同区域地段发现越靠近池塘，飞虫越多，在对飞虫鉴定完毕后，及时查阅文献检索操场上空的飞虫摇蚊的特征与生活习性和生长繁殖过程，准备从池塘治理和操场下排水系统处理方面从根本上间接控制操场上空飞虫数量。第 2 小组根据不同天气和一天不同时间的飞虫聚集情况的观察分析，结合观察到的飞虫触角和翅膀等结构特征以及查阅的相关文献，拟从飞虫诱捕和不同时间和不同天气下对操场进行湿度和光照控制，以降低飞虫种群密度。第 3 小组，根据观察到的飞虫在不同人体，人体运动前后等不同状态下的聚集情况以及飞虫喜欢和排斥的气味等相关特征，拟从过筛选和配制相应的驱虫液用于个人防护，从而减少飞虫在人体周围聚集。处理方案的设计充分尊重观察研究数据，每一个设计方向的提出有理有据、切实有效。这与科学探究中“实事求是、尊重实验数据，结论基于实验数据的分析”高度吻合，相信同学们在后继研究成果的生成中也会充分尊重飞虫处理试验数据，实事求是，科学分析，找到飞虫处理的有效措施，为学校飞虫处理提供切实可行的建议。在此过程中，同学们深度体验了客观、科学地基于观察数据，结合实际条件制定飞虫处理方案的过程，飞虫处理方案的生成过程彰显了研究性。

在交流探讨的过程中彰显了研究性，鉴别飞虫和制定飞虫处理方案的过程中，都有学生的交流互动环节。在交流探讨中，同学们既有对自身观察、探讨等研究活动过程的反思总结，又有对研究过程中情感态度价值观的反思总结，还有对研究过程中发现的新问题及多向归因的反思总结，更有生生、师生间多向互动质疑解疑的思维碰撞，从中体现了同学们良好的科学探究精神和科学研究品质，在反思总结与思维碰撞中充分彰显了研究性。

在凸显研究性的科学探究中，师生收获了知识以及获取知识的科学研究方法，领略了劳动与知识的联系。凸显研究性的科学探究实践活动必将越来越好地成就师生们智慧与心灵的共同成长，为研究型教师和研究型学生的成长发展搭建广阔平台。

（三）反馈调整

作为本门课程的第 2 次课，对整个后续课程的推进具有重要的意义，因此课后，课题组老师分别对三个研究小组飞虫处理方案进行了分析检查，并与各小组进行探讨交流，在学生的每次尝试前后对方案进行调整、修订和完善，希望以此推动学生在深度体验中的研究和发展。

学校操场上空的飞虫的防治研究报告

梁思睿　张煊晟　李欣洁　徐梓童

一、研究意义

学校操场上空的飞虫对学校师生的生活造成了较大的影响。在保证师生健康，保护校园生态环境的基础上，减少飞虫数量，优化学校操场的环境，为师生提供更加舒适的校园生活环境是每一个川大附中人应承担的责任。通过实践研究从多个方面探寻学校操场上空的飞虫的防治方法，为学校操场上空飞虫处理提供切实可行的措施建议，为营造美丽的校园贡献一份力量。

二、研究背景及目的

我校虽然占地面积不大，但非常精致。校园的操场中间有一块绿色的草坪，同学们在课间或放学后都喜欢三五成群地到草坪上踢足球、追逐嬉戏。在这里，他们紧绷的神经能够得到放松。400m 的塑胶跑道是饭后老师和同学们散步的好地方，这里也是体育健儿们锻炼的好场所。每年 9—11 月，操场上空都会有一些飞虫聚集，尤其是学生在运动过程中、运动后、散步时均会发现大量飞虫，黑压压的一片在头顶聚集盘旋。尽管这些飞虫不会吸血，但这些飞虫可能携带细菌和病毒进而引起疾病的传播。由于种群数量大、分布广，有时甚至出现在操场上散步时“飞虫扑面而来，一不小心飞虫就糊一脸”“一吸气飞虫就能吸到气管里”的现象。飞虫对学校师生的生活造成了一定的影响。

通过探究，寻找一些有效的措施减少学校操场上空飞虫的数量，降低操场上空飞虫对学校师生生活的影响。

三、研究内容的确立

配合第一小组同学开展飞虫特性和飞虫种类鉴定研究的过程中，我们发现操场上空的飞虫确实如第一小组同学总结的一样：飞虫易在空隙较大的织物上停留，尤其是雌雄交尾的成对飞虫；飞虫在靠近池塘等水域的上空明显更多；飞虫在晴天傍晚和阴热天更多；飞虫在运动出汗后的人体周围聚集明显更多。我们特别关注到蜘蛛网可以粘附大量的飞虫。第一小组鉴定得出结论：学校操场上空的飞虫就是一种摇蚊，飞舞的飞虫是摇蚊成虫。通过查阅摇蚊相关文献，我们了解到摇蚊具有趋光特性，飞舞的摇蚊成虫不觅食也不像蚊子一样吸血。虽然摇蚊成虫对人类的直接危害并不大，但有些过敏人群在接触摇蚊成虫后会出现过敏反应，摇蚊体表有一定的过敏反应源；另外，摇蚊成群出现，会影响人类视线，甚至有引发过交通事故。操场上过多的摇蚊集群飞翔，必然会对学生运动过程中的视线造成干扰，密度过大，人体运动过程中随着呼吸频率加深加快，可能会误将摇蚊吸入鼻口，造成不适。

在综合考虑师生健康和环保需求后，我们特别关注到操场上空更多飞虫在靠近小池塘等水域的上空最多，推测池塘是飞虫的主要来源。我们希望从源头上寻找控制操场上空飞虫的措施，高效防治操场上空的飞虫，所以，小组确立的研究子课题是《学校操场上空飞虫来源控制措施研究》，希望有效降低操场上空飞虫的数量。

四、研究方法、步骤

（一）研究方法

我们主要采用了文献法、实验法、观察法等。

（二）研究设计思路

查阅相关文献并根据文献开展相关实验，提出从源头上防治学校操场上空飞虫的措施。

（三）研究步骤

1. 查阅摇蚊与池塘水源的关系；
2. 对池塘水取样镜检，观察池塘水中摇蚊幼虫及虫卵分布情况；
3. 观察不同水源附近空地上空的摇蚊集群分布现象；
4. 统计观察实验结果；
5. 得出结论。

五、结果分析与结论

（一）研究结果整理与分析

1. 摇蚊文献

（1）摇蚊的生活史

摇蚊属完全变态性昆虫，一生包括卵、幼虫、蛹和成虫 4 个阶段：①卵多呈卵圆形，多个卵排列成行由一层透明裹包裹成卵块，每卵块有 200～1000 个卵。卵在 25℃条件下 2～3d 可孵化出幼虫。②幼虫可分 4 个龄期，Ⅰ龄幼虫孵化，很快离开卵块在水中游离 1～2d 蜕皮变成Ⅱ龄；自Ⅱ龄后开始生活在水底，涎腺开始分泌，体端黏附在水底的砂石、土粒、植物根茎上，开始筑建裹管以便保护和取食。幼虫在温度合适、营养充分的条件下约 2～3 周蜕皮发育成蛹。③蛹期脱离裹管浮于水面，1～2d 羽化为成蚊。④绝大多数成蚊不吸食，羽化后几秒钟或几分钟飞离水面，停落在水体附近杂草丛或建筑物等墙壁阴凉处。羽化后的成蚊很快就能交配，交配多在黄昏时进行，1～2d 又重新寻找水源产卵。成虫寿命很短，雌虫生存 4～5d，雄虫生存 5～8d，若气温较低，成虫生存可延长 1～2d。

（2）幼虫的生态习性

摇蚊幼虫在不同水域的底部生活，是水底无脊柱动物的主要组成部分，幼虫生态学主要包括以下方面。

①制作裹管

绝大多数种类的幼虫必须制作裹管，并在裹管内生活，待化蛹后离开裹管。幼虫在水底物表面 10cm 以内，将软底物质如砂、土粒、植物根茎以涎腺分泌的丝状物网联在一起，形成裹或管状物结构。裹或管状物的形成，受水底物质条件和附着物的大小有关。

②食性

摇蚊幼虫以捕食、过滤式及混合饲食方式取食，幼虫的食物主要为水体内的有机物质屑、藻类物等。

③孳生

摇蚊幼虫可孳生于淡水湖泊、缓流河沟水底物以及污水、稻田、池塘乃至咸水、海水环境中。

④扩散

摇蚊的幼虫从卵块孵化出后多为聚集性活动，当开始制作管状物时均已钻入水底，扩散活动几乎停止。I 龄幼虫虽为自由生活，但范围不远。幼虫在水体中的分布与扩散，主要是卵块阶段时受水面的风力、风向所致，出现同一水面幼虫的密度与分布差异很大的现象。

⑤季节活动

摇蚊幼虫的季节活动因地理位置不同出现差异，在北部地区每年仅繁殖 2～3 代，季节高峰为 7—8 月份，幼虫期很长。在中部地区每年繁殖 3～5 代，季节高峰从 5—6 月份逐渐增加，7—8 月份达高峰。南部地区每年可繁殖 10 余代，甚至全年都可繁殖，但高峰出现在 6—9 月份，没有越冬期，温度低时，幼虫发育时间延长[1]。

（3）摇蚊与水源关系文献

摇蚊属于双翅目，摇蚊科，为非吸血性昆虫，世界性分布。摇蚊科昆虫属于完全变态昆虫，其整个生活史要经过卵、幼虫、蛹、成虫 4 个阶段，每个生活阶段都有其单独的特征[2]。卵在水中孵化，幼虫和蛹也在水中生长发育，成虫则陆上生活[3]。由于摇蚊科绝大多数种的幼虫必需生活于水中，因此，它们广泛存在于世界各地的水网地带。随着环境污染的日趋严重，大量水体富营养化，导致摇蚊的大量孳生[4]。

（4）摇蚊幼虫的价值

摇蚊幼虫营养丰富，测定资料显示其干物质中，蛋白质含量 63.3%，碳水化合物 19.5%，脂肪 8%，富含各种鱼类生长所必需的氨基酸和脂肪酸，是多种经济水生动物如鲤鱼、鲫鱼、青鱼、鲮鱼、鲟鱼、鳗鱼、黄鳝、泥鳅、河蟹、鳖、虾、龟等的优良天然饵料，特别在很多水生动物的幼体阶段如鳝苗、蟹苗和稚鳖，大量投喂摇蚊幼虫，对促进幼体的生长发育非常有利[5]。

2．池塘水中摇蚊幼虫和虫卵镜检

我们研究小组对学校操场附近的小池塘进行池水和淤泥取样检查，发现水中和水底泥中均有较多的摇蚊幼虫和虫卵（如图 1 所示）。

3．观察不同池塘附近飞虫聚集情况

观察学校池塘附近和成都市一些公园（人民公园、杜甫草堂、锦里等）池塘附近的空中摇蚊聚集情况，发现我们学校和川大校内池塘周围上空摇蚊聚集情况更为严重。池塘中较大的区别是公园池塘里的鱼特别多而且大，而学校池塘的鱼很少。

4．用摇蚊幼虫投喂鲤鱼、草鱼、乌龟

发现鲤鱼和乌龟捕食摇蚊幼虫的量最大，速度也最快。每组重量基本相等的鲤鱼、草鱼和乌龟（均为 500～1500g），在一天中，鲤鱼和乌龟需要投放两次摇蚊幼虫饵料，每次 10g，而草鱼一天供投放 10g 摇蚊幼虫饵料都吃不完。

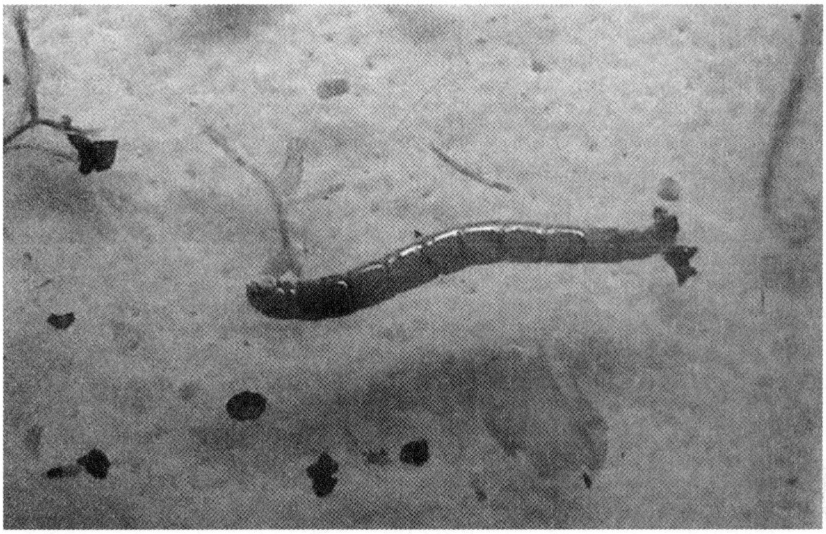

图　1

（二）得出结论

为防止学校操场上空的摇蚊，研究小组经过文献分析、观察对比和初步实验得出结论：可以及时定期更换学校池塘水，去除部分淤泥，保证池水清洁，降低摇蚊幼虫的环境容纳量；在池塘中饲养一些肉食性的水产，包括鱼类、乌龟等，可以作为学校食堂菜品，同时减少摇蚊幼虫，进而达到防止操场上空摇蚊的目的。

六、产生的新问题及后续研究方向

更换水源和投放肉食性水产能够防治摇蚊，但如何实现学校池塘水的自动更新呢？学校池塘很小，水产投放哪些种类最为合适，如何控制投放量以保证净化环境同时获得最大效益呢？

七、研究工作计划及进度

1．2019.4.22 查阅摇蚊与池塘水源的关系。
2．2019.4.23—27 对池塘水取样镜检，观察池塘水中摇蚊幼虫及虫卵分布情况。
3．2019.5.5—9 观察不同水源附近空地上空的摇蚊集群分布现象。
4．2019.5.10—15 统计观察实验结果并分析。
5．2019.5.16—22 制作成果汇报 PPT 和研究报告。
6．2019.5.22 成果汇报与交流。
7．2019.5.28 课程资源包汇总并上交。

参考资料

[1] 沈培谊，蒋洪，刘西保，等. 城市摇蚊对环境的影响及其防治方法研究[J]. 中华卫生杀虫药械，2014（1）：11-14.

[2] 余海军，陈佳林，黄鑫，等. 双翅目摇蚊科昆虫分子系统学研究进展[J]. 天津农学院学报，2019（27）：77-81.

[3] 戴友芝，唐受印，张建波. 洞庭湖底栖动物种类分布及水质生物学评价[J]. 生态学报，2000（2）：277-282.

[4] 周承，温廷桓. 摇蚊变态反应的研究[J]. 国外医学（寄生虫病分册），1993（4）：145-148.

[5] 齐鑫，马勇军，潘志祥. 水环境中的摇蚊幼虫研究进展[J]. 台州学院学报，2008（6）：38-41.

影响发酵食品品质的因素研究——果胶酶活性

川大附中项目课程开发实施规划纲要

课程首席教师　欧居蓉（生物组）
课程参与教师　李小琼　颜　玲（生物组）

<table>
<tr><td>课程名称</td><td colspan="8">影响发酵食品品质的因素研究——果胶酶活性</td></tr>
<tr><td>课程类型
（勾选）</td><td>√</td><td>必修的综合实践
活动课程</td><td></td><td>必修的
劳动课程</td><td></td><td>选修的
学样课程</td><td></td><td>选修的
校本课程</td></tr>
<tr><td>实施对象</td><td colspan="2">高二年级学生</td><td colspan="3">建议选课学生人数</td><td colspan="3">15 人</td></tr>
<tr><td>课程课时
及上课时段</td><td colspan="8">5 次 10 课时，划定课程时间</td></tr>
<tr><td>课程背景</td><td colspan="8">（一）课程开设背景分析
食品发酵技艺是一种古老的用于食品长期保存和风味食品加工的生物技术，已经具有数千年的历史。发酵食品的制造利用了有益微生物的发酵作用，将原料中的淀粉、蛋白质和脂肪三大营养物质进行分解、转化，产生相应的代谢产物，赋予食品拥有发酵之前所不具备的独特风味和营养价值。国外传统发酵食品主要包括奶酪、酸奶、清酒、韩国泡菜、德国泡菜等。中国传统发酵食品包括馒头、酸奶、食醋、黄酒、白酒、酱油、豆腐乳、豆瓣酱、泡菜等，这些发酵食品是中国饮食文化的重要组成部分，历经数千年的发展形成了独特的生产方式和风味特征
近年来的研究表明发酵食品对健康具有积极的促进作用，如发酵乳制品可以改善肠道微生物菌群结构，苹果醋具有抗氧化防护功能，葡萄酒具有降低冠心病发生的作用，发酵豆制品产生的纤溶酶具有高抗凝血的活性。正是因为发酵食品不仅味道鲜美，而且对健康具有如此多的积极意义，人们已经离不开这些发酵食品。那么怎样才能做出更美味、更健康的发酵食品
在我校开设综合实践课程之初，我们就开设了制作酸奶、馒头等发酵食品的课程，受到学生的一致好评。当时将重心主要放在如何制作上，在一定程度上锻炼了学生的动手能力。在这个过程中老师也会对制作馒头、酸奶等发酵食品中涉及的微生物进行介绍，并引导学生查阅相关资料，弄清楚相关的原理和影响因素等。由于课时有限，学生在制作馒头、酸奶的过程中，探究性不够，仅仅是通过查阅网络进行制作，缺乏深度的思考。为了更好地培养学生的思维能力和探究能力，充分发挥学生的主体作用，课题组老师经过激烈地讨论，将课程设计为《探究影响发酵食品品质的因素之二——果胶酶的活性的影响》，这样既能继续培养学生动手操作能力，又能培养学生在实验中思考及解决问题的能力</td></tr>
</table>

（续表）

课程背景	（二）课程资源背景分析 1．硬件资源背景：学校生物实验室具备微生物菌种的自行培养和制备，并能进行浓度梯度的稀释培养；实验室恒温箱、恒温水槽等设备能保证对温度条件的控制；发酵底物种类多而且易得，季节性水果品种丰富；数字实验室和计算机教室可以辅助学生完成资料查询和方案设计 2．人力资源背景：上学期我们开展了“探究影响发酵食品品质的因素”的综合实践课程的开发与研究，主要完成了酸奶和发酵馒头的制作，涉及对原料的选择、发酵温度的控制、发酵菌种以及浓度对食品口感的影响，最后经过调查统计，分析影响发酵食品口感的因素，并提出了修改意见。本期通过选修教材的学习，学生对于发酵食品的深度和广度都有了更加深入的了解与认识。比如，补充了腐乳、果酒、果醋、泡菜等传统发酵食品的制作研究，学习了果胶酶、加酶洗衣粉、酶的固定化研究等等。生物组老师在之前开设的发酵食品的制作的综合实践课程中，也获得了一些宝贵的经验，这些经验可以为学生提供大量详尽的素材；老师对有关果胶酶的基础知识及实验设计原则等相当熟悉，进而能为学生提供一些建议 （三）学生背景分析 1．知识储备方面：本课程参与的同学为高二年级的学生。本期通过选修教材的学习，学生对于发酵食品的深度和广度都有了更加深入的了解与认识。比如，补充了腐乳、果酒、果醋、泡菜等传统发酵食品的制作研究，学习了果胶酶、加酶洗衣粉、酶的固定化研究等等，学生已经具备一定的实验素养 2．研究素养方面：我校的办学特色是“培养—研究型”大学附中，学生在高一入学即参与到综合实践活动研究性课程中，具备研究的基本素养，对实验应该遵循的原则比较清楚，但处理在实验中遇到新的一些问题的能力还有待提高 3．研究意愿方面：已经完成了选修教材的学习，学生很想将选修课中的所有实验都亲手做一做。而且该课程在教材实验的基础上，对学生提出了更高的要求，不仅要探究影响果胶酶的活性，还要利用实验探究酶的最适温度，酶的最适用量进一步制作成果酒、果醋。这些都是非常有趣的，学生的积极性较高
课程内容 （核心问题）	设计并完成发酵食品的制作，探究果胶酶的活性和用量对发酵食品品质的影响，撰写研究报告 问题：传统发酵食品有哪些种类？准备选择哪一类进行探究 果胶酶的活性如何检测与控制？影响因素如何定性和定量控制 如何分析原材料选择的理论依据和季节性 该项探究活动的成果对生产生活实际有哪些直接指导价值 活动：查资料，搜集并分析材料，选择与果胶酶有关的发酵食品的子项目进行研究，思考讨论如何确定酶活性最大值、酶用量的最佳值、实验需要涉及哪些设备是易得可行的，最后制作一类与果胶酶有关的发酵食品并分析影响品质的因素，撰写研究报告

（续表）

<table>
<tr><td>课程目标</td><td colspan="6">（一）结果性目标
1．筛选影响果胶酶活性的因素及果胶酶对哪些传统发酵产品有较大影响
2．完成实验操作，总结影响因素，完成果酒果醋的酿造
（二）体验性目标
1．在搜集资料和查阅文献的过程中，体验科学探究中问题提出与解决问题手段和技术支撑之间的关联
2．在实验操作、分析过程中，体验科学技术与社会生产力之间的关联</td></tr>
<tr><td rowspan="11">课次计划</td><td>课次</td><td>主题</td><td>研究环节</td><td>学生活动</td><td>课前课后任务</td><td>活动地点</td></tr>
<tr><td rowspan="4">1</td><td rowspan="4">提出问题
介绍课题背景和宗旨，确定研究方向</td><td>发现问题</td><td>查阅资料，了解发酵食品的种类，初步构思小组课题研究方向</td><td rowspan="4">课前：资料查询
课后：继续设计实验，QQ 交流讨论，修正完善实验方案</td><td rowspan="4">数字实验室</td></tr>
<tr><td>组建团队</td><td>对同学进行分组，明确分工</td></tr>
<tr><td>尝试查新</td><td>围绕本组拟解决的问题进一步进行查新、学习与分析</td></tr>
<tr><td>表达问题</td><td>确定本组要研究解决的问题加以表达，并初步设计实验</td></tr>
<tr><td>2</td><td>解决问题 1：探究果胶酶的最适温度</td><td>进行实验</td><td>利用本小组选择的材料，探究果胶酶的最适温度</td><td>课前：分组研讨，制定实验报告
课后：总结实验中存在的问题，寻找解决的办法</td><td>生物实验室</td></tr>
<tr><td>3</td><td>解决问题 2：探究果胶酶的最适用量</td><td>进行实验</td><td>利用本小组选择的材料，探究果胶酶的最适用量</td><td>课前：分组研讨，制定实验报告
课后：反思实验过程中出现的问题</td><td>生物实验室</td></tr>
<tr><td rowspan="3">4</td><td rowspan="3">反思提升：
利用之前得到的数据，制作果酒和果醋，并且制作 PPT</td><td>进行实验</td><td>制作果酒，果醋</td><td rowspan="3">课前：准备清洁的发酵用具，购买需要添加的原材料；设计并制作观察记录表
课后：观察实验现象，制作 PPT</td><td rowspan="3">生物实验室及教室</td></tr>
<tr><td>整理资料</td><td>汇总、整理研究资料</td></tr>
<tr><td>反思研讨</td><td>在实验过程中进行反思、研讨与提升</td></tr>
</table>

（续表）

课次计划	5	评价反馈：实验成果的展示交流与改进	自评互评	分组展示、交流与评价	课前：小组分工制作 PPT，明确展示任务 课后：完善 PPT，并搜集相关资料，制作“ideas”课程节展示海报	数字实验室
			修改 PPT	基于获得的评价反馈信息和修改		
			资料入库	汇总、整理研究过程资料，研讨形成准确的结论，为后续研究提供素材		
学生作品	1．制作的发酵食品成品以及相关实验的图片 2．影响果胶酶活性的实验报告、研究方案、制作的 PPT 3．ideas 课程节展示海报、视频					
评价方式	1．课题研究过程中生生、师生间的多向、多元评价 2．发酵食品的品质鉴定记录表					
安全保障	加强安全教育，强调实验室器具不能作为餐饮器具使用					
条件保障	课程开发组外部保障：生物数字实验室，师生文献研究 课程开发组内部保障：具有一定的研究能力，尤其是科学探究能力的生物教师指导					
开发次第	课程为再次开发					
课程审批	1．课程教学处：　　签　章　　年　　月　　日 2．学生发展处：　　签　章　　年　　月　　日					

探究影响发酵食品品质的因素
——果胶酶活性的影响

一、教学分析设计

（一）活动分析

本次课为本门课程的第五次课，通过第一次课的分组研究，学生已经明确了本门课程的大致流程。小组通过讨论确定了本组探究的方向，并设计了初步的方案。第二课时，学生通过各小组设计的实验已经探究出本小组所用水果对应的果胶酶的最适温度。因为不同小组所用的材料不全相同，所以，最适温度也不同。如用苹果、葡萄、菠萝作为材料的小组，得出的最适温度是 40℃左右；用梨子做材料的小组，得出的最适温度是 50℃。第三次课，学生们通过实验，探究出在材料不同时，果胶酶的最适用量也不同，也得到了相应的最适值。在此过程中，有一组同学选择的是橘子来做实验，在观察现象时发现有一支试管中果汁颜色较深、果汁量也较少，学生通过分析，认为是取样时该试管中的橘子皮与果肉未混合均匀导致。因此，他们重新做了实验，在实验时，注意了这方面变量的控制，最终结果和预期一致。第四次课，是在之前得到的果胶酶的最适温度和最适用量的基础上，酿造果酒、果醋，在课后小组分析数据制作出 PPT。本节课为课程核心问题教学的评价反馈环节，各小组将展示、交流本组的探究成果及研究感悟，展开自评互评；各小组获得评价反馈后，修正实验报告，搜集整理以供后续的课程参考，也可将结果提供给生产厂家和学校小卖部等，便于做出更美味的果汁。

本次课主题中的活动内容确立为“各小组探究过程”的展示、交流与评价。

（二）学生分析

各研究小组学生在课程教师的悉心指导下，积极进行实验报告的设计、实验过程中对实验进行完善。学生在探究的过程中，每一步都是小组讨论的结果，小组成员深度参与，老师在这个过程中只是给予一些提示、指导。正是因为学生自主探究，所以，学生把这个课题真正当作自己的事情，而不是完成老师交代的任务，学生积极性很高。在实验前的实验设计及在实验过程中小组成员都能够充分表达自己所想，也很渴望自己的研究成果能在展示交流中既得到同伴的肯定，又能得到同伴的一些建议，还能在观摩他组展示的活动中获得有益的启发，进而可将这些用于进一步优化自己的实验。

本次课主题中的学生活动方式主要为展示、交流、评价、完善。

（三）目标分析

根据本课程规划纲要中确立的课程教学目标，基于本次课的活动分析及学生分析，撰写本次课的教学目标如下。

结果性目标：能投入探究实验的展示、交流与评价活动；能基于评价反馈自发、完善本组的实验报告。

体验性目标：在探究过程方面的展示、交流、评价与改进活动中，体验实验设计的严谨与最终实验结果准确性之间的关联。

（四）资源分析

本次课为室内的展示交流课，所用主要教学资源如表 1 所示。

表 1

教学资源	选用意图	来源
平板	辅助推进教学环节、展示图片、相互评价等	科大讯飞
PPT、投影	用于教学引入及小组展示交流	学校多媒体设备
黑板	板书本堂课活动中的关键信息，呈现学生观点、辅助教师提升讲解	学校教室

（五）主题分析

按课程规划纲要的课次规划，基于前面对本次课程活动与学生的分析，将本次课的活动主题确定为：探究实验的展示交流与改进。

二、教学实施设计

（一）教学环节

按课程规划纲要的课次规划，本次课为核心问题教学中的评价反馈环节，其中包括教学引入、展示交流、自评互评、提出疑问、课堂小结、展示交流小结六个子环节，具体教学设计如表 2 所示。

表 2

教学环节	学生活动	教师活动	设计意图
教学引入（约 3min）	首先，师生一起回顾前 4 次课学习的内容： 第 1 次课提出问题：课题研究方向及问题的确立；学生自由组建成 5 个小组。查阅与果胶酶、发酵食品等相关的资料，并确定研究方向，初步设计实验方案 第 2 次课 解决问题 1：探究材料不同时，果胶酶的最适温度 第 3 次课 解决问题 2：探究材料不同时，果胶酶的最适用量 第 4 次课 在制作果汁时加入最适用量的果胶酶，制作果酒和果醋。并制作 PPT。在此基础上，明确本课次的学习任务	引导学生回顾前四次课的内容，简单介绍 5 个小组的分组情况和研究任务 引出本次课的学习任务：分组进行展示，交流各组的研究过程，介绍本研究小组初步得出的结论	在前四次课中，小组通过自己选择材料，确定研究方向，设计实验方案，最后进行分组实验，获得实验数据，为本课次的学习打下基础。回顾前四次课程的内容可以帮助学生快速进入本课次的学习活动状态

（续表）

教学环节	学生活动	教师活动	设计意图
展示交流（约 40min）	5 个小组分别从研究方向的确定、发酵底物的选择及原因、实验过程、实验结果分析与总结等方面进行展示、交流，尤其注意凸显在实验过程中如何控制单一变量，进而保证实验结果的可靠性。不同小组选用不同的材料进行探究，探究了果胶酶的最适温度和最适用量。学生通过展示在不同温度下得到的不同体积的果汁来直观反映最适温度。同理，也可以通过展示在加入不同体积的同浓度的果胶酶时，得到不同体积的果汁来反映最适用量。观察指标也可以是果汁的澄清度。在展示的最后，通过对照用加入最适用量的果胶酶的果汁发酵成的果酒与未加果胶酶的果汁发酵成的果酒的口感、色泽来凸显加入了果胶酶的果酒更加美味	引导同学们的展示与交流活动，记录各组展示交流要点，鼓励学生勇于自我表达，肯定学生在研究过程和展示阶段的主动积极与大胆创新	本课次要求结合课程主题——“探究影响发酵食品品质的因素之二——果胶酶活性的影响”进行交流与展示，让学生经历探究的过程，清楚任务要求、理解探究目的。学生在对探究过程及结论进行反思基础上的展示交流中，提升其探究的能力和素养，突出我校“以研究性课程和研究性教师培养研究性学生”的办学特色
自评互评（约 20min）	学生基于在各组展示交流时的思考与记录，对本组或他组的研究成果及展示进行评价，并提出进一步改进的意见和建议	参与、引导同学们的自评互评活动	通过小组间的自评互评，提升学生敢于质疑、勇于探索、乐于沟通等的研究素养
提出疑问（约 7min）	学生将本组研究过程中出现的不能解决的问题提出来，各组一起讨论、解决	适当引导，解答疑惑	培养学生发现问题、提出问题和解答问题的能力及语言表达能力
课堂小结（约 5min）	各小组对本组的探究过程进行修正、补充，为后续综合实践课的进一步探究打下基础	教师对研究方法进行归纳提升，对研究过程十分扎实的小组给予肯定 对对照实验需要遵循的原则结合本课题中的实验进行归纳	对本课题中涉及的方法进行归纳，以便在以后的研究中能够更好地运用
展示交流小结（约 5min）	学生在教师的引导下反思本次课的学习、研究内容，总结出课题研究的一般过程。即 （1）发现并提出问题，确定研究方向 （2）查阅资料并设计实验 （3）进行实验 （4）得出结论 并将 5 个小组探究的成果进行整合分析	教师与学生一起反思学生的交流与评价活动，对问题的发现与提出、研究过程、研究方法、研究成果等进行归纳提升，从教师角度提出一些改进建议	肯定学生有发现和研究、解决实际问题的社会责任感，能够在老师指导下完成课题的研究。鼓励小组成员间协同合作，继续完成后续工作，为制作出更美味、健康的发酵食品贡献自己的力量

（二）评价预设

1．教学活动中对学生即时、口语为主的评价预设

教学引入环节：明确本节课的具体任务，让学生清楚这次课和前四次课的关联，对前期准备工作做得较好的小组提出表扬，鼓励学生在本次课能大胆发言、主动交流，营造积极的课堂氛围，激发学生的学习热情，实现演讲者与倾听者的共鸣，以达到本次课的目标。

展示交流评价环节：在展示交流过程中，有些组可能存在实验失败的情况。若小组认真分析失败的原因，继续进行重复实验，直至实验成功，老师应对这样的小组进行激励性评价，肯定他们不怕失败的态度。通过对小组展示和交流过程给予的激励性评价，促进学生进一步融入课堂，能主动进行有效记录，进而在自评互评和提出疑问环节能够畅所欲言，组与组之间，组内成员之间都能进行思维的碰撞。

自评互评、提出疑问环节：学生在互评和自评过程中，能够发现别组的优点和本组的缺点；在提出疑问环节，学生具有严谨的科学思维和仔细的观察能力，这些都是值得表扬的。

展示交流小结环节：在学生总结出课题研究的一般过程时，应对学生进行评价。

2．教学活动后的评价预设

从本课次教学目标，尤其是体验性目标达成情况的视角，对学生上交的研究成果进行评价，并及时反馈。

（三）板书设计（如图1所示）

探究影响发酵食品品质的因素之二——果胶酶活性的影响（第五次课）
——探究成果交流

课程核心问题：设计并完成发酵食品的制作，探究果胶酶的活性和用量对发酵食品品质的影响，撰写研究报告。

交流展示：
第1小组：
第2小组：
第3小组：
第4小组：
第5小组：，

反思提升：
1．探究类课题研究的一般过程
（1）发现并提出问题，确定研究方向
（2）查阅资料并设计实验
（3）进行实验
（4）得出结论
2．方法：观察法、查阅资料法、对照实验法
3．实验过程中遵循的原则
（1）单一变量原则
（2）对照原则
（3）无关变量相同且适宜原则
（4）重复实验原则

图 1

（四）教学流程（如图 2 所示）

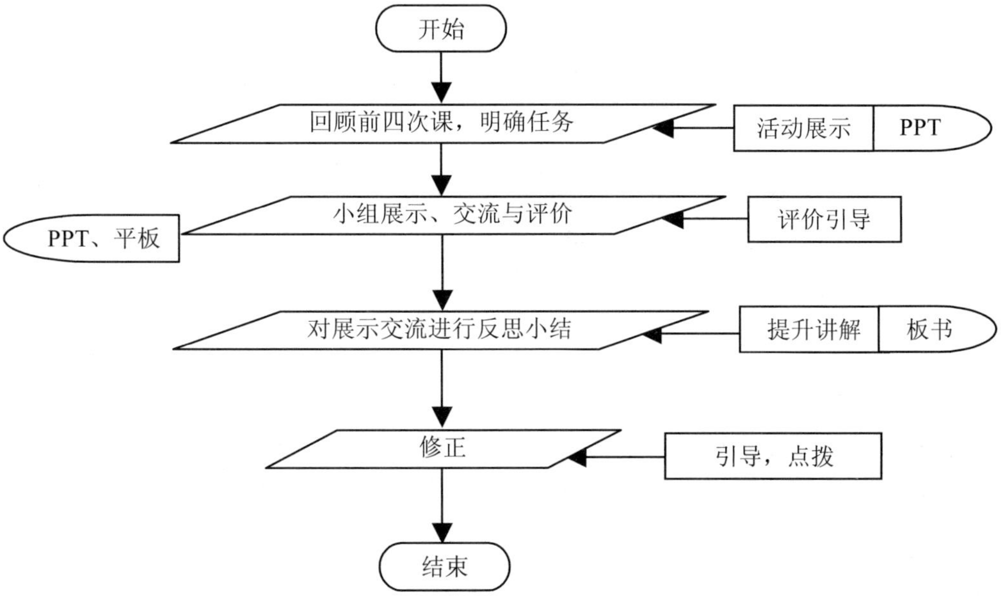

图 2

三、教后评价反馈

（一）信息搜集

课后认真观看了课堂录像，并进行教学实录。

（二）自我评价

下面以第一小组为例加以分析。

从问题的发现与提出看，在老师提出怎样让果汁和果酒更美味时，该小组的同学能够结合最近选修课中学习的果胶酶能够使果汁更加澄清，口感更好这一知识点，提出：在果汁中加入果胶酶。在老师的引导下，学生又想到果胶酶作为一种酶，如何才能发挥最好的效果？该小组的同学通过讨论，有的想到温度、酸碱度会影响效果，有的想到酶的用量也会影响果汁的口感。那为了得到最美味的果汁和果酒就得知道果胶酶的最适温度和最适用量，因此，同学们最终确定探究这两个方面。在这个过程中，通过发现问题进而提出问题，与科学探究中的“问题的发现与提出”高度吻合。同学们在这样的问题的发现、提出与表达中获得了对如何从生活中发现并提出问题的深度体验，问题的提出与表达彰显了研究性。

从解决问题的过程看，同学们经历了观察现象→发现问题→确定研究方向→选择研究方法→设计实验→实施实验→得出结论的探究过程。这一探究过程规范、完整，与科学探究中“发现问题—提出问题—选择研究对象—设计方案—实施探究—得出结论—分析结论”的过程高度吻合。同学们在这样的问题解决过程中获得了对从事科学研究的深度体验，问题解决过程彰显了研究性。

从实验法这一研究方法的运用与实践看，同学们实实在在地经历了实验的整个过程，包括选择材料、设计实验、进行实验、反思实验、用实验所得的结论继续进行其他实验。在实验过程中的每个环节关联紧密，研究方法的选择、运用形式与要研究的目的、内容高度统一。这与科学探究中研究方法的选择与运用高度吻合，同学们在这样的研究方法选择与运用中获得了对科学研究方法，研究方法的选择与运用彰显了研究性。

从展示交流这一环节来看，所有结论均基于实验数据分析而得；结论的得出充分尊重实验数据，因而得到的结论可以为后续研究提供素材。这与科学探究中“实事求是、尊重实验数据，结论基于实验数据的分析得出”高度吻合，同学们在这样的研究成果生成中获得了对如何客观、科学地基于数据提炼成果的深度体验，研究成果及其生成过程彰显了研究性。

以上仅是第一小组的评议，其实，课堂上每个小组同学的展示交流中都充满了“研究”的元素。因为每个小组的探究过程都是真实的，所以，在展示交流过程中每个小组的学生都积极充分展示本小组的成果。在这个过程中，学生能够将生物学知识运用于解决生活中的问题。这样学生成了研究型的学生，老师成了研究型的老师，课程自然也就成了研究型的课程。

（三）反馈调整

由于本次课是课程的最后一次课堂教学，因此，采用了对学生探究成果的展示交流等书面反馈评价意见与学生个别交流相结合的形式进行，以便更加有利于学生在深度体验中的学习与发展。

探究温度对果胶酶活性的影响研究报告

李籽彤　葛思佚　袁思怡　李子悦

一、研究意义

食品发酵技艺是一种古老的用于食品长期保存和风味食品加工的生物技术，已经具有数千年的历史。发酵食品的制造利用了有益微生物的发酵作用，将原料中的淀粉、蛋白质和脂肪三大营养物质进行分解、转化，产生相应的代谢产物，赋予食品拥有发酵之前所不具备的独特风味和营养价值。国外传统发酵食品主要包括奶酪、酸奶、清酒、韩国泡菜、德国泡菜等。中国传统发酵食品包括馒头、酸奶、食醋、黄酒、白酒、酱油、豆腐乳、豆瓣酱、泡菜等，这些发酵食品是中国饮食文化的重要组成部分，历经数千年的发展形成了独特的生产方式和风味特征。近年来的研究表明发酵食品对健康具有积极的促进作用，如发酵乳制品可以改善肠道微生物菌群结构，苹果醋具有抗氧化防护功能，葡萄酒具有降低冠心病发生的作用，发酵豆制品产生的纤溶酶具有高抗凝血的活性。《探究影响发酵食品品质的因素之二——果胶酶活性的影响》是在之前开设的综合实践的基础上的一个提升，它既能继续培养学生动手操作能力，又能培养学生在实验中思考及解决问题的能力。

二、研究背景及目的

上学期我们进行了“探究影响发酵食品品质的因素”的综合实践课程的开发与研究，主要完成了酸奶、发酵馒头的制作，涉及对原料的选择、发酵温度的控制、发酵菌种浓度对食品口感的探索，最后经过调查统计，分析影响发酵食品口感的因素，并提出了修改意见。本期通过选修教材的学习，学生对于发酵食品的深度和广度都有了更加深入的了解与认识。比如，补充了腐乳、果酒、果醋、泡菜等传统发酵食品的制作研究，学习了果胶酶、加酶洗衣粉、酶的固定化研究等等。生物组老师在之前开设的发酵食品制作的综合实践课程中，也获得了一些宝贵的经验，这些经验可以为学生提供大量详尽的素材；有关果胶酶的基础知识及实验设计原则等都相当熟悉，进而都能为学生提供一些建议。通过本次课程的研究，能够更加清楚在实验设计过程中遵循的几大原则，也能更好地将书本上的知识应用于生活。

三、研究内容的确立

我们已经完成了选修教材的学习，很想将选修课中的实验亲手做一做。通过之前必修一对酶的学习，知道了酶的活性及催化作用的大小与温度、pH 值等都有关系。酶在最适温度下，催化效率中最高。因此，在老师告知我们这次综合实践课的安排后，我们小组就想自己设计实验来探究温度对果胶酶活性的影响。为此，我们将小组子课题确立为

《探究温度对果胶酶活性的影响》，希望通过对该子课题的研究，能够找出果胶酶较适宜的温度，并将数据提供给学校小卖部，进而为学校师生做出更美味可口的果汁。

四、研究方法、步骤

1．研究方法：我们主要采用了观察法、对照研究法、文献法等

2．实验设计思路

（1）榨果汁；

（2）配置 4%的果胶酶溶液；

（3）将果汁和果胶酶分别保温 20min，再将相同温度的果汁和酶混在一起并搅拌，再保温 10min；

（4）过滤果汁，搜集滤液，并记录。

3．研究步骤（如图 1～图 3 所示）

（1）榨果汁

将菠萝去皮后，切成小块，放入榨汁机，手动榨汁。

图 1

图 2

图　3

（2）称取一定量的果胶酶，用蒸馏水配置成 4%的果胶酶溶液。

（3）分别保温并混合

①分别对 5 支试管进行编号 1～5，取 5mL 菠萝汁于试管，再取 5 支试管编号①～⑤，分别加入 2mL 果胶酶，将试管 1①～2⑤分别放入 20℃，30℃，40℃，50℃，60℃，70℃的恒温保温箱保温 20min。

②将试管 1①～2⑤混合并搅拌均匀后，放入对应温度的恒温箱中再保温 10min。

（4）用滤纸过滤，得到滤液，测量滤液并做记录。

五、研究成果

（一）观察实验结果（如图 4 所示）

1．不同温度下，得到的滤液量不同；

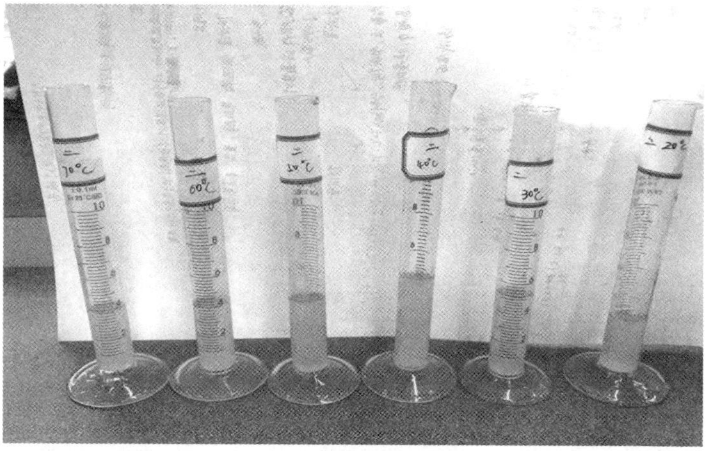

图　4

2．当温度为 40℃时，得到的滤液最多；

3．当温度低于 40℃时，随温度升高，滤液增加，超过这个温度，随温度升高，滤液减少最后不变。

（二）分析与结论

结论：果胶酶在 20℃～40℃活性上升，在 40℃左右活性最高，在 45℃～70℃活性下降。

六、产生的新问题及后续研究方向

用不同的水果做这样的实验，最终的实验结果也会一样吗？pH 值又会对果胶酶活性有何影响呢？

七、研究工作计划及进度

1．2020.5.13—教师通过照片、视频介绍之前的综合实践课程，确立本阶段研究总课题。学生分组确定子课题，并查阅资料，设计实验。

2．2020.5.13—18 小组成员继续查阅资料，继续设计实验，准备相关的材料。

3．2020.5.20—26 在综合实践课上实施实验，搜集实验数据，并做好记录。

4．2020.5.27—6.3 分析实验数据，得到结论，实践课上进行交流，对结论进行修正、补充。

5．2020.6.3—10 制作成果汇报 PPT 和研究报告。

6．2020.6.10—13 课程资源包汇总并上交。

参考资料

胡军华. 浅谈高中生物生活化教学策略[J]. 读与写（教育教学刊），2015（9）.

乡土环境问题调查及环境地图制作

川大附中项目课程开发实施规划纲要

课程首席教师　谭　妍（地理组）
课程参与教师　钟　姝　林凡珺（地理组）

<table>
<tr><td>课程名称</td><td colspan="8">乡土环境问题调查及环境地图制作</td></tr>
<tr><td>课程类型
（勾选）</td><td>√</td><td>必修的综合实践
活动课程</td><td></td><td>必修的
劳动课程</td><td></td><td>选修的
学样课程</td><td></td><td>选修的
校本课程</td></tr>
<tr><td>实施对象</td><td colspan="2">高一年级学生</td><td colspan="3">建议选课学生人数</td><td colspan="3">25 人</td></tr>
<tr><td>课程课时
及上课时段</td><td colspan="8">5 次 10 课时，划定课程时间</td></tr>
<tr><td>课程背景</td><td colspan="8">（一）课程开设背景分析
近年来，面对日益严峻的环境问题，保护和治理环境已经成为刻不容缓的任务。为了让学生深刻体验到环境问题的危害性，认识到保护和治理环境的重要性和紧迫性，从而增强环境保护的意识，我们决定设计这门课程，让学生选择与他们生活环境密切相关的环境问题着手展开调查，从调查活动中提高学生发现问题和解决问题的能力，培养探究精神和合作意识。学生能够体验学习基本的调查方法，运用文献法、访谈法、问卷法等展开调查，学会整理处理数据，养成遇到困难自觉想办法克服、解决的意识，提高抗挫折能力，形成健康的心理品质和积极的学习态度
我校已经连续七年组织学生参加环境地图竞赛，坚持以环境地图竞赛为阵地，以学校研究性学习为载体，开设环境保护与环境问题调查。“中图杯”中国青少年环境地图竞赛由北京师范大学地理与可持续发展教育中心、中国地理学会地理奥林匹克竞赛工作组主办，中国地图出版社协办，并得到中国地理学会的大力支持。每一幅环境地图的背后都有一个环境问题调查的地理实践，一种项目式学习的最终呈现。我们尝试探寻研究性学习和环境地图制作融合的综合实践课程的开发与实施路径
（二）课程资源背景分析
资源背景：借助于综合实践活动课程的实施，地理组已经借助成都市内涉及环境问题相关的配套机构，建立了诸如望江楼公园、黄龙溪古镇等一些研学基地，学生可以利用周末的时间走出校门开展自己感兴趣的环境问题研究，也可以在综合实践活动课上由老师带领出去展开相关调查研究
人力资源背景：地理组教师已经连续 7 年引领学生参加全国环境地图竞赛，对指导相关环境问题课题的研究积累了一定的经验
（三）学生背景分析
1．知识储备方面：学生在高一必修课程中，已经对地理学科中地理环境的自然和人文各个要素有了一定的了解。知道生活中哪些属于地理环境问题
2．研究素养方面：对于本课程所需要的一些调查研究方法诸如问卷星的使用、采访提纲设计、数据分析等方面有一定的学习能力
3．研究意愿方面：作为高一阶段的学生，基于已有知识和生活体验，对周边的环境问题有了一定的认识和看法，有探究的兴趣</td></tr>
</table>

（续表）

<table>
<tr><td>课程内容
（核心问题）</td><td colspan="6">调查乡土环境问题，初步完成调查研究报告，绘制环境地图
问题：
①调查研究的乡土环境问题内容是什么
②存在哪些问题，分析原因，提出解决措施
③如何绘制环境地图将研究内容呈现出来
活动：调研；撰写；绘制</td></tr>
<tr><td>课程目标</td><td colspan="6">（一）结果性目标
通过对自己身边环境问题的调查及分析，掌握解决环境问题的一般思路与方法；拓展视野关注身边的环境问题，发展团队合作精神
（二）体验性目标
学生在选择和确定主题，自主设计研究方案并论证，分析并解决环境问题的活动中，体验人类活动与环境之间的关系，体验问题生成、研究方案与问题解决之间的关联</td></tr>
<tr><td rowspan="12">课次计划</td><td>课次</td><td>主题</td><td>研究环节</td><td>学生活动</td><td>课前课后任务</td><td>活动地点</td></tr>
<tr><td rowspan="4">1</td><td rowspan="4">提出问题：学习了解研究方法和相关案例，环境问题的选择和转化</td><td>发现问题</td><td>学习了解最基本的研究性学习方法和流程。提出自己想调查的环境问题</td><td rowspan="4">课前：资料查询。
课后：成立小组，明确分工，设计初步调查方案</td><td rowspan="4">多媒体教室</td></tr>
<tr><td>组建团队</td><td>按调查意愿进行分组</td></tr>
<tr><td>尝试查新</td><td>围绕本组拟解决的问题进行查新、学习与分析</td></tr>
<tr><td>表达问题</td><td>确定本组要研究解决的问题加以表达</td></tr>
<tr><td rowspan="2">2</td><td rowspan="2">解决问题 1：研究计划的制定和研究计划的论证</td><td>研究计划的制定</td><td>提出假设、选择方法、研究路径，形成较为详细的研究计划</td><td rowspan="2">课前：分组研讨，制定调研方案。
课后：根据研究方案展开相应调查</td><td rowspan="2">多媒体教室</td></tr>
<tr><td>研究方案的论证</td><td>阐述方案、师生间质疑答辩</td></tr>
<tr><td>3</td><td>解决问题 2：研究计划的实施以及实践过程中生成性问题的探究</td><td>实施研究</td><td>基于课前调查研究的相关经验，师生就实践过程中生成性问题进行探讨，提出改进建议</td><td>课前：汇总、整理调查数据
课后：完善课堂上形成的初步改进建议</td><td>多媒体教室</td></tr>
<tr><td rowspan="4">4</td><td rowspan="4">反思提升：初步调研报告的生成</td><td>记录写实</td><td>完善课前初步的研究记录</td><td rowspan="4">课前：完成初步的研究写实记录。
课后：对课堂上形成的初步调研报告进一步提炼，确定环境地图内容</td><td rowspan="4">多媒体教室</td></tr>
<tr><td>整理资料</td><td>汇总、整理研究资料</td></tr>
<tr><td>反思研讨</td><td>对研究资料和数据进行分析，进行反思、研讨与提升</td></tr>
<tr><td>撰写成果</td><td>生成初步调查报告</td></tr>
</table>

（续表）

<table>
<tr><td rowspan="4">课次计划</td><td rowspan="4">5</td><td rowspan="4">评价反馈：环境地图的绘制与调查研究成果的展示与评价</td><td>自评互评</td><td>分组展示，交流与评价</td><td rowspan="4">课前：绘制环境地图
课后：完善研究报告和环境地图</td><td rowspan="4">多媒体教室</td></tr>
<tr><td>修改报告、完善地图</td><td>基于获得的评价反馈信息，修改调研报告，完善环境地图的绘制</td></tr>
<tr><td>资料入库</td><td>汇总、整理研究过程资料</td></tr>
<tr><td>申请认定</td><td>绘制完毕环境地图，校内评定等级。一等奖的作品邮寄北京参加全国环境地图竞赛</td></tr>
<tr><td>学生作品</td><td colspan="6">1．学生的环境问题调查研究报告
2．以调查报告为内容制作的环境地图</td></tr>
<tr><td>评价方式</td><td colspan="6">1．课题研究过程中生生、师生间的多向、多元评价
2．调研报告的等级评定
3．环境地图的等级评定</td></tr>
<tr><td>安全保障</td><td colspan="6">一般课程保障</td></tr>
<tr><td>条件保障</td><td colspan="6">课程开发组外部条件保障：
学校和成都市内污水处理厂、垃圾焚烧处理厂、防灾减灾博物馆等涉及环境问题调查的相关配套机构的多次合作经验为学生校外实践的顺利开展提供保障
课程开发组内部条件保障：
历年地理组内老师组织学生参加全国环境地图竞赛，对环境问题调查类课题有着丰富的指导经验</td></tr>
<tr><td>开发次第</td><td colspan="6">课程为首次开发</td></tr>
<tr><td>课程审批</td><td colspan="6">1．课程教学处：　　　签　章　　　年　　月　　日
2．学生发展处：　　　签　章　　　年　　月　　日</td></tr>
</table>

乡土环境问题调查的研究性学习方案论证

一、教学分析设计

（一）教学内容分析

研究性学习是指学生基于自身兴趣，在教师指导下，从自然、社会环境中选择和确定研究主题，运用实地观察、访谈、实验等方法获取材料，从而解决地理问题。包括发现并提出问题；提出假设，选择方法，研制工具；获取材料；提出解释及观念；交流、评价探究结果；反思和改进几个环节。

研究方案是学生在具体研究活动前的设计，合理制定计划，可以帮助学生在课题研究中有条不紊地开展工作，可以帮助学生知道该如何完成任务，也可以对一些可能遇到的问题做好提前的应对。这个环节对整个课题具体的开展和实施具有重大的意义。

课程的课次计划如表 1 所示。

表 1

课次	主题	学生活动	活动地点
1	研究案例和研究方法	初步认识研究性学习及研究方法	多媒体教室
	问题的选择和转化	通过讨论明确研究的方向及课题名称，并分组	
2	研究计划的制定	提出假设、选择方法、研究路径，形成研究计划	课外
	研究计划的论证	阐述方案、师生间质疑答辩	多媒体教室
3	实地调查研究	有针对性的展开实际调查研究	课外
	实践过程中生成性问题的探究	实践过程中生成性问题的讨论和解决	多媒体教室
4	活动总结	综合评价、共享交流	多媒体教室

（二）学生分析

知识储备：高一学生在高一必修课程中，已经对地理环境的各个要素有了一定的涉猎，学生对周边的环境问题有了一定的认识和看法，有探究的兴趣。

已有研究基础：教师在本节课前已经充分结合学生经验，为学生提供了活动主题选择以及提出问题的机会，引导学生构思选题，鼓励学生提出感兴趣的问题，组织学生就问题展开讨论，确立了活动目标内容。学生已经通过自由组队初步选定了课题并且已经基于自己对研究课题的初步了解，为自己完成的研究任务设计了一个初步的工作计划。

（三）活动分析

本课程核心任务为调查乡土地理环境问题，探讨分析其原因并提出建议。本课为该课程实施中的课题研究方案的论证阶段。在本课时中，想着力解决的问题是学生通过阐释方案、相互交流答辩，尽量地完善研究方案，从而为下一步更好地展开实际调查研究提供保障。

高中地理课程标准中明确提出："倡导自主学习、合作学习和探究学习，开展地理观测、地理考察、地理实验、地理调查和地理专题研究等实践活动。"建构主义学习理论也非常强调学生学习的探究性、主体性、交互性、过程性、开放性等。为了落实新课程的理念，在建构主义理论的指导下，本课时的设计重视探究性学习，充分突出学生主体地位。问题的提出及研究方案的撰写均由学生通过资料搜集、实地调研、分组讨论、合作探究等方式完成。在课堂上，教师营造轻松和谐的问题探究氛围，通过学生分小组阐释方案，相互质疑和答辩，并且针对学生和老师的提问做出回应，自主体验研究方案的论证过程，教师仅仅起一个引导的作用。

（四）目标分析

1．结果性目标

通过表达与辩证自己研究活动的过程，养成全面、整体地分析、规划活动的意识与能力。通过论证，对课题研究的价值、研究的可行性和效益性做出判断与鉴定，进一步明晰课题研究的意义和价值，进一步完善研究方案。

2．体验性目标

学生在阐释方案、师生相互质疑答辩的活动中，体验问题生成与课题研究方案之间的关联；体验研究方案中各个要素之间的关联。

二、教学实施设计

（一）活动流程

开题论证会成员包括地理学科专家、相关学科老师和三组开题汇报的学生。首先，授课教师对课题的准备过程大致介绍，明确本节课的学习目标，时间 3min。接下来学生阐述方案。以小组为单位，通过口头讲述，研究路径思维导图的展示等，每个小组在 5min 以内，向课题组专家阐述课题研究方案，包括研究主题、目的与意义、主要内容、方法与步骤、人员分工等。接下来，评审组成员及其他小组学生就方案提出对于阐述不清晰、不明白或者有待考究的问题，学生回答问题。每个课题 5min。最后，评审组成员给予每个课题一个综合性的评价和鉴定，提出相应的改进意见。

（二）教学设计思路

1．教学环节（如表 2 所示）

表　2

教学环节	学生活动	教师活动	设计意图
提出问题	聆听，回答问题	讲述、指导，回顾研究方案设计的内容、原则和注意事项，引出本节课学习的目的，师生一起论证研究的方案 提出核心问题：阐释方案、答辩，修改完善研究方案	营造问题情境，学生明确本节课时的学习目标

（续表）

教学环节	学生活动	教师活动	设计意图
学生展示方案	（1）以小组为单位，通过口头讲述，研究路径思维导图的展示等方式阐述自己的研究方案 《成都东山客家方言传承现状调查与研究》 《对学校周围公路路况拥堵状况的调查研究》 《关于成都新能源汽车电桩城市分布模型分析与预测》 （2）小组之间相互质疑、答辩 （3）针对老师的提问进行答辩 分小组对于老师和同学提出的问题做好记录	质疑、评价 教师引导、协助学生针对研究方案过程中的可行性、科学性发言。帮助学生完善方案	学生在阐释方案、师生相互质疑答辩的活动中，体验问题生成与课题研究方案之间的关联；体验研究方案中各个要素之间的关联
小结	评审组成员给予每个课题一个综合性的评价和鉴定，提出相应的改进意见 执教老师点评：研究方案科学性和可行性。关注研究内容的完整性，关于调查研究样本的科学性		有针对性地对研究方案给予建议和评价，帮助学生研究性课题实际调查活动的开展
课后完善	学生通过反思自己的方案设计活动，完善研究方案	教师引导学生反思，体验问题生成与问题解决之间的关系。体验问题解决方案与实际问题解决过程之间的关联	学生反思方案论证过程，进一步完善，为后续调查研究工作的展开打好基础

2．评价预设

（问题导入）在本节课之前，同学们已经通过自由组队初步选定了自己感兴趣的环境问题并转化成自己研究的课题，并且已经基于自己对研究课题的初步了解，设计了一个初步的工作计划，我们把它叫作研究方案。研究方案是在具体研究活动前的设计，可以帮助大家在课题研究中有条不紊地开展工作，可以帮助学生知道该如何完成任务，也可以对一些可能遇到的问题做好提前的应对。但是，学生的研究方案有没有科学性和可行性呢，这节课我们的任务就是一起来进行研究方案的论证。接下来请每个小组依次展示自己小组的研究方案，在展示完后，其他小组的同学对他们的方案有不明白的地方提出自己的建议。

每个小组请安排一位记录员，将其他小组对本组研究方案的质疑以及意见做好记录，以便于课后进行完善总结。

小组一　客家方言

点评点：

1．什么是从时间和空间维度剖析客家方言传承现状转变的原因和影响

2．问卷调查
- 样本（数量、年龄、性别）　重点考虑低年龄段
- 问题维度　调查目的与问卷内容一致
- 设问有效性

你会通过自己的努力改变客家话正在被同化的现状？

a．会　　b．不会

你对客家方言正在被同化的现状持何种态度？

A．竭尽全力保护　B．是正常情况，随大流　C．无所谓

调查目的是要保护，要调查这种方言消失的原因，从而寻找解决方法，但问卷上没有涉及。

研究目的→研究内容→研究方法→问卷维度

你平时为什么不说客家话？——消失的原因

A．父母不让说　B．怕同学、朋友歧视

C．学校要求说普通话　D．别人听不懂，无法交流

你对如何保护客家话的建议？

3．预调查的意义，对以后调查的启示，研究方案在实地教研过程中可以不断完善

创新点：将对客家方言掌握情况以及对客家文化的认同度这一主观感受转化为科学数据来进行研究，用科学的方法和思维来尝试解决问题。

小组二　校门口路况拥堵状况调查

点评点：如何统计校门口的车流量，APP 只能比较宏观地显示成都市的情况？研究方法的可行性分析有哪些？

方案一：某段距离内的车辆数。方案二：一辆车单位距离的通过时间。

早上、上午、晚上几个时间点

问卷调查的对象除了学生以外还应该调查老师。老师的出行方式也是造成拥堵的原因之一。

创新点：研究具有很强的现实意义，将生活问题转化为科学问题，并且制定了比较详细的研究路径。研究目的、研究内容和研究方法一一关联。

尝试着去解决，体现了公民意识，体现了川大附中学子的责任心。

小组三　新能源电桩

点评点：停车场数据搜集的目的是什么？

研究目的是什么？研究内容有哪些？研究方法有哪些？

研究北京，依据车流量的调查数据，估算太古里需要多少个电桩，并根据目前停车场的分布情况预测这些电桩如何分布。

电桩个数　两地车流量的情况　北京三里屯的电桩数目

分布情况　两地停车场的位置（地上地下）停车位数量

研究方法：文献法（网络、APP）

实地调研：

1．太古里附近的新能源汽车 4S 店，询问工作人员关于太古里的电桩规划、设立条件、交通、基础设施）

2．停车场空间位置（分布在地上或地下）和停车位数量

创新点：课题研究方案 5 稿，对中学生来说，有很大难度，研究过程中表现出来的顽强的意志力。信息技术的使用，信息的搜集、筛选和整理。

3．板书设计（如图 1 所示）

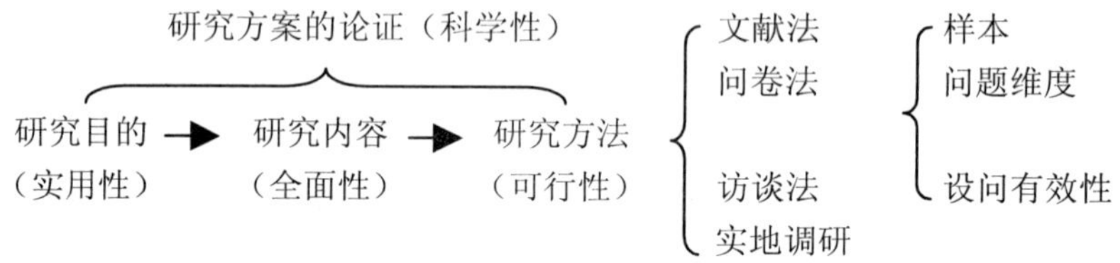

图 1

4．教学流程（如图 2 所示）

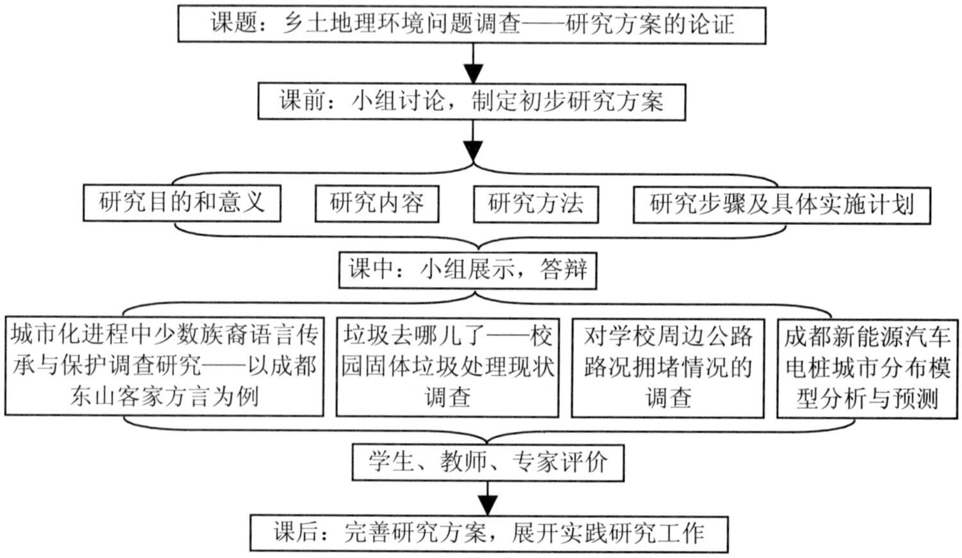

图 2

三、教后评价反馈

（一）信息搜集

课后认真观看了上课录像和评课资料，搜集了各小组的 PPT 和资料，为下一次课程做好准备。

（二）自我评价

课堂中学生发言积极踊跃，相互质疑点评，现场气氛活跃甚至激烈。两个小组针对汽车车流量测量这一实际研究方法进行了激烈的争论。通过本课的研讨，学生更加清晰

了研究目的、研究内容和研究方法之间的关系，基本达成了教学目标。

本次研究课给本人带来了以下三个方面的启示，第一，在综合实践活动实施过程中，处理好学生自主实践和教师有效指导的关系。在综合实践课堂中，教师一定要给予学生充足的展示自我、自主实践的时间和空间，要关注问题解决过程中的开放性和生成性，及时鼓励学生、引导学生。对教师来说，课堂管理和组织的难度提高了。第二，综合实践活动需要跨学科的教师合作。本节课的研讨过程集中了地理、数学、历史、信息技术等多学科的智慧，甚至请教了电子科技大学的老师进行指导，这说明我们高中的综合实践课程需要整合跨学科的教师团队甚至社会资源，而不能仅仅依靠某学科教师的单打独斗。第三，找到了一个途径，综合实践活动与学科拓展活动是可以进行整合实施的。下一步要指导学生在已有研究方案的基础上展开实际的调查研究。

（三）反馈调整

本来是计划 50min 完成的内容，但实际操作远远超出，因为学生的课堂表现，特别是综合实践课堂的表现是很难预估的，但确实也反映出问题。在有限的课堂时间内如何对学生进行更加有效的指导是摆在我们面前的一个问题。综合实践活动需要课堂内和课堂外的学习研究空间，课堂内的时间非常有限，和学科课堂的有效整合是解决这个问题的途径之一。比如，在《农业的区位因素》一节学科内容中，可以和学生的研究课题《龙泉驿区枇杷产业发展现状调查》结合起来，从而实现综合实践课程中的教学内容和学科教学内容的整合。

城市化进程中少数族裔语言传承与保护调查研究开题报告

刘翰宇　周馨雨　赖嘉祎　纪景殊　杨铠乐　王茜欧　张林静　颜　晨

一、课题名称

城市化进程中少数族裔语言传承与保护调查研究——以成都东山客家方言为例

二、调查背景

四川省是我国第四大客家聚居省区，在省会成都东面，一路延伸到龙泉山脉脚下的浅丘地带，自明清以来就是客家人聚居之地。此地的客家方言岛，纵横数十千米，聚居客家人口数超过 50 万，占已知四川客家总人口数的 1/4，是四川面积最大，人口最多的客家方言岛，也是我国距现代大都市最近的客家方言岛，至今仍完整地保留了客家文化和客家方言。在“湖广填四川”以来 300 多年的历史长河中，由于客家人恪守“宁卖祖宗田，不卖祖宗言”的祖训，客家方言在面对四川官话的夹击时并没有被同化，反而迸发出顽强的生命力，并留存至今。

三、现实问题

20 世纪 90 年代以来，成都东山客家方言岛所在地区城市化、商业化进程加快，众多本地客家居民土地被征用后搬迁至安置小区，同时大量操四川官话的外来人口涌入，与客家人形成杂居态势。由于四川官话与客家方言完全无法互通，使得过去能够在较大范围内通用的客家方言使用范围大幅缩小，仅能在家庭内部或祭祀和歌咏等文化活动上使用，这使客家方言的代际传承受到影响。L.R.帕默尔在其著作《语言学概论》中说：“语言忠实反映了一个民族的历史文化，忠实反映了它的各种游戏与娱乐，各种信仰与偏见。”客家方言作为客家文化的载体，若客家方言日渐式微，则被称为中国传统文化活化石的客家文化也将面临危机。现有的与成都东山客家方言相关的文献多与其语音语系、词语句法和文化背景有关，鲜见记录其传承情况的文献。因快速城市化，本地区的发展状况日新月异，需要较新的调查数据体现方言现状。

四、研究意义与目的

由浅及深从时间和空间两个维度上剖析客家方言传承现状转变的原因和影响，唤起公众和决策部门对客家方言文化的重视，尽可能为决策部门出台保护客家文化的举措提供数据支撑。

五、研究内容

1．了解当前东山客家文化分布情况和发展现况。

2．对不同年龄段及不同地域的客家居民方言使用情况进行调查，得出数据，将不同地域与不同时间的调查数据进行对比。

3．分析数据，剖析数据背后的原因，得出结论。

4．借鉴其他地域客家文化保护案例。

5．就怎样传承保护客家文化提出相关对策。

六、研究方法及具体实施计划

1．研究方法：科技文献研究法、社会调查法、区域考察法和系统分析法

2．具体实施计划

本研究分为以下四个阶段。

第一阶段

时间：2018.2.20—3.15

负责人：刘翰宇　颜　晨　周馨雨　赖嘉祎

任务：查阅文献，了解东山客家方言的概念及现状。

研究方法：科技文献研究法

第二阶段

时间：2018.3.10—4.15

负责人：纪景殊　杨铠乐　王茜欧　张林静

任务：查阅文献，从 1946 年董同龢对东山客家方言的调查报告《华阳凉水井客家话记音》中抽取部分词汇，分为人称代词、动植物、房屋器物、身体部位、动词、量词六种类型六组，给出西南官话表述，对应的客家方言词语留空，使被调查者念出客家话词汇。

研究方法：科技文献研究法和社会调查法

第三阶段

时间：2018.5—6

负责人：全体成员

目标：取得现时东山客家方言传承情况的数据反映。

任务：全体成员分为两小组。5 月 1 日，调查组全体成员前往西河镇和洛带镇进行预调查及踩点工作，探明正式调查地点的基本情况及进行小规模调查。6 月 7 日，刘翰宇、周馨雨、赖嘉祎和纪景殊组前往相对偏远的洛带镇柏杨村；杨铠乐、王茜欧、张林静和颜晨组前往距成都及龙泉驿城区较近的十陵镇千弓村；两组最后汇合至东山客家文化中心洛带镇八角井社区及洛带小学。调查小组在各村落寻找不同年龄段（分为 30～55 岁组（中年组），55 岁以上组（老年组））的被调查者，另在洛带小学寻找被调查者（青少年组），在每个类型词汇中随机抽选三个共 18 个词汇，向其展示官话词目后使其说出客家方言对

应词目。若客家方言词目回答正确记 1 分，回答的是西南官话或普通话词目记 0 分，同时说出多个词的以最先说出的词为准。客家方言水平测评总分 18 分，若总得分在 15～18 分则评判为客家方言掌握情况优秀，11～14 分为良好，7～10 分为一般，0～6 分为差。文化态度问卷总分 8.5 分，得分 6～8.5 分为非常认同且愿意保护客家文化，3.5～6 分较为认同且愿意保护客家文化，3.5 分以下认同且保护客家文化意愿低。最后得到数据并汇总。

研究方法：社会调查法和区域考察法

第四阶段

时间：2018.6

负责人：全体成员

目标：分析数据，根据数据所反映的现象剖析数据变化的原因，并得出结论。

研究方法：系统分析法

参考资料

[1] 兰玉英，闵卫东. 凉水井客家话与成都方言的通用方言词及其分析[J]. 西南民族大学学报（人文社科版），2004，25（3）.

[2] 宋伶俐，朴正俸. 成都客家方言岛词汇使用现状调查——以华阳凉水井客家话为例[J]. 暨南学报（哲学社会科学版），2010，32（1）：127-132.

[3] 董同龢. 华阳凉水井客家方言记音[R]. 北京：科学出版社，1956.

[4] L. R. 帕默尔. 语言学概论[M]. 北京：商务印书馆，1983.

行走地理——黄龙溪研学方案的设计与实施

川大附中项目课程开发实施规划纲要

课程首席教师　房华金（地理组）
课程参与教师　汪建军　谭　妍（地理组）

课程名称	行走地理——黄龙溪研学方案的设计与实施							
课程类型（勾选）	√	必修的综合实践活动课程		必修的劳动课程		选修的学样课程		选修的校本课程
实施对象	高一年级学生		建议选课学生人数			10～15 人		
课程课时及上课时段	5 次 10 课时，划定课程时间							
课程背景	（一）课程开设背景分析 研究性学习是教育部2000年1月颁布的《全日制普通高级中学课程计划（试验修订稿）》中综合实践活动板块的一项内容。它是指学生在教师指导下，从学习生活和社会生活中选择和确定研究专题，主动地获取知识、应用知识、解决问题的活动。研究性学习与社会实践、社区服务、劳动技术教育共同构成“综合实践活动”，作为必修课程列入《全日制普通高级中学课程计划（试验修订稿）》中 研究性学习不同于综合课程，虽然在很多情况下，它涉及的知识是综合的，但是，它不是几门学科综合而成的课程，也不等同于活动课程。虽然它是学生开展自主活动，但它不是一般的活动，而是以科学研究为主的课题研究活动。它也不等同于问题课程，虽然也以问题为载体，但不是接受性学习，而是以研究性学习为主要学习方式的课程。 研究性学习的本质在于让学生亲历知识产生与形成的过程；使学生学会独立运用其脑力劳动；追求“知识”发现、“方法”习得与“态度”形成的有机结合与高度统一。这是研究性学习的本质之所在，也是研究性学习所要达到和追求的教育目标。根据这一理解，如果学生只能遵照教师制订的方案，按照教师规定的步骤与路线，探究教师提出的问题，生成教师想要的答案或结论，那么，这种“探究学习”其实并不是真正的探究性学习，因为它丢掉了研究性学习的实质与灵魂——知识的自主建构。如果教师在课前就已经预设了所谓的正确答案或标准答案，然后在教学中总是有意无意地把学生的反应往预设的方向上引，不鼓励学生反应的多样性与异质性，不允许学生失败，这样的探究多半是有名无实的伪探究、假探究 （二）课程资源背景分析 1. 硬件资源背景：成都市和黄龙溪两地的区域要素资源较容易搜集整理，能够作为学生研学设计的基本参考资料；数字实验室和计算机教室可以辅助学生完成资料查询和方案设计								

（续表）

课程背景	2．人力资源背景：教师具有丰富的区域地理要素分析经验，能够从地理各要素进行综合的分析指导；课程教师可以协助学生进行问卷设计、数据分析和方案改进 （三）学生背景分析 1．知识储备方面：本课程参与的同学为高一年级的学生，学生在高一必修课程中，已经对地理学科中地理环境的各个要素有了一定的涉猎，学生对周边的地理环境和问题有了一定的认识和看法，有探究的兴趣；对于本课程所需要的问卷星的使用、采访提纲设计和数据分析等方面有一定的学习能力 2．研究素养方面：我校的办学特色是“培养—研究型”大学附中，“以研究性课程和研究性教师培养研究性学生的特征”，学生在高一入学即参与综合实践活动研究性课程中，具备研究的基本素养，但在研究方法学习的认识上还有待提高 3．研究意愿方面：学生对成都及黄龙溪本地环境有一定的认同感，对进一步从地理素养的角度来认识周边的环境具有强烈的代入感和求知欲
课程内容（核心问题）	自主生成黄龙溪调查问题，设计、实施研究方案，尝试撰写调查报告 问题： 1．你感兴趣的关于黄龙溪古镇的调查问题是什么 2．怎么设计黄龙溪古镇研学方案并实施 3．怎么撰写调查报告 活动：设计；实施；撰写
课程目标	结果性目标：设计出黄龙溪研学方案，实施方案发现黄龙溪景区优缺点，针对问题提出解决措施；拓展视野，关注身边的社会发展，发展团队合作精神 体验性目标：在设计实施黄龙溪研学方案活动中，体验人类活动与环境之间的关系，体验问题生成、研究方案与问题解决之间的关联

<table>
<tr><td rowspan="5">课次计划</td><td>课次</td><td>主题</td><td>研究环节</td><td>学生活动</td><td>课前课后任务</td><td>活动地点</td></tr>
<tr><td rowspan="2">1</td><td rowspan="2">提出问题：了解研学，提出研学方向</td><td>理论学习和提出研学方向</td><td>初步认识研究性学习及研学方法</td><td rowspan="2">课前：资料查询
课后：成立小组，明确分工，设计初步方案</td><td rowspan="2">多媒体教室</td></tr>
<tr><td>确定研学方向并组建团队</td><td>通过讨论明确研学的目的地及初步意向性形成需要探究的问题，并分组</td></tr>
<tr><td rowspan="2">2</td><td rowspan="2">解决问题 1：设计研学方案</td><td>研学方案设计</td><td>选择地理要素搜集方法和途径、预设预期研学目的、形成研学方案</td><td rowspan="2">课前：资料搜集
课后：修改设计方案</td><td rowspan="2">多媒体教室</td></tr>
<tr><td>研学方案论证</td><td>阐述方案、师生间质疑答辩</td></tr>
</table>

（续表）

课次计划	3	解决问题2：实施研学方案	实地调查研究	有针对性地展开实际调查研究，搜集翔实的景区地理要素资料	课前：资料搜集 课后：整理调查资料	黄龙溪
			实践过程中生成性问题的探究	实践过程中生成性问题的讨论和解决提出解决景区发展的实际策略		
	4	反思提升：研究性学习展示与总结	研究性学习展示与总结报告	整理资料和搜集数据，以数理逻辑关系证明所研学的内容，并基于此数据的基础，提出相关的策略	课前：梳理调查资料 课后：进一步梳理资料，初步生成调查报告	多媒体教室
			初步生成研究性学习报告	小组之间、师生之间置疑，完善策略。回顾研学之旅，初步归纳研学在实际操作过程中的经验与教训		
	5	评价反馈：研究性学习成果评价	撰写研究性学习报告	撰写报告	课前：小组分工，明确任务 课后：根据评价结果，完善报告	多媒体教室
			答辩	分小组PPT展示研究成果		
学生作品	研究性学习报告					
评价方式	调查研究方案（注重生生互评以及自我评价）、研究性学习过程与结果评价表					
安全保障	一般校内活动安全保障					
条件保障	课程开发组外部保障：黄龙溪景区相关的配套机构 学校多媒体教室、网络图书馆等硬件支撑 课程开发组内部保障：地理教研组专业指导 研究性学习的知识与方法					
开发次第	课程为再次开发					
课程审批	1．课程教学处：　　签　章　　年　　月　　日 2．学生发展处：　　签　章　　年　　月　　日					

《行走地理——黄龙溪研学方案的设计与实施》研究性学习展示与交流

一、教学分析设计

（一）活动分析

研究性学习是指学生基于自身兴趣，在教师指导下，从自然、社会环境中选择和确定研究主题，运用实地观察、访谈、实验等方法，获取材料，从而解决地理问题，包括发现并提出问题；提出假设，选择方法，研制工具；获取材料；提出解释及观念；交流、评价探究结果；反思和改进几个环节。

研究方案是学生在具体研究活动前的设计，合理制定计划，可以帮助学生在课题研究中有条不紊地开展工作，可以帮助学生知道该如何完成任务，也可以对一些可能遇到的问题做好提前的应对。这个环节对整个课题具体的开展和实施具有重大的意义。

本节课主要展示研究性学习过程与结果，展示问题是怎样自主生成，如何设计研究性学习方案，怎样实地调查实施获取资料和数据。通过对资料或数据的整理和统计分析，得出研究性学习方案的实施结果，从而通过有效数据充分说明研究性学习主题存在的问题和优点，给予研究者提供可靠的决策依据。在学生展示的过程中，师生共同反思研究过程和结果，找出在研学过程中，在哪些环节需要补充和修改，哪些环节的经验值得借鉴，以便学生改进和完善课题研究的方法和步骤。

课程的课次计划如表 1 所示。

表 1

课次	主题	学生活动	活动地点
1	研究案例和研究方法	初步认识研究性学习及研学方法	多媒体教室
	研学地点的选择和确定	通过讨论明确研学的目的地及初步意向性形成需要探究的问题，并分组	
2	研学方案的制定	落实目的地、确定研学内容、选择地理要素搜集方法和途径、预设预期研学目的、形成研学方案	网络教室
	研学方案的论证	阐述方案、师生间质疑答辩	多媒体教室
3	实地调查研究	有针对性地展开实际调查研究，搜集翔实的景区地理要素资料，提出解决景区发展的实际策略	黄龙溪古镇
	实践过程中生成性问题的探究	实践过程中生成性问题的讨论和解决	黄龙溪古镇

（续表）

课次	主题	学生活动	活动地点
4	研究性学习展示与总结	整理资料和搜集的数据，以数理逻辑关系证明所研学的内容，并基于此数据的基础，提出相关的策略；小组之间、师生之间质疑，完善策略。回顾研学之旅，初步归纳研学在实际操作过程中的经验与教训	多媒体教室
	研学报告纲要	撰写研学报告纲要	网络教室
5	撰写研究性学习报告	分小组 PPT 展示研究成果	多媒体教室

（二）学生分析

知识储备：高一学生在高一必修课程中，已经对地理环境的各个要素有了一定的涉猎，学生对周边的环境问题有了一定的认识和看法，并有探究的兴趣。

已有研究基础：本次课之前学生查阅黄龙溪资料，针对黄龙溪景区，选择出适合自己的研究主题，自由组合成三个小组，形成三个课题组，每个课题小组讨论并设计出本组的研学方案，依据方案实地考察黄龙溪景区，搜集到翔实可靠的资料或数据，再通过对资料或数据的分析、统计，或利用 3D 软件建模，采用 3D 打印技术打印出模型来展示学生的研究成果。充分结合学生经验，为学生提供问题提出的机会和研究方法的选择，鼓励学生提出感兴趣的问题，组织学生就问题展开讨论，确立活动目标的内容。

学生积极参与研究性学习，提出研究主题，确定研究内容，选择研究方法，设计研究方案，实施研究方案并获取资料和数据；通过运用归纳分析、数学统计法或建模的方法对所有资料和原始数据进行逻辑算法；根据所得数据对黄龙溪景区可行性进行评估，增强活动的逻辑性，提高学生的研学能力。同时，引导学生对研学过程及结论进行组内及组间讨论，吸纳合理化建议，提出景区发展合理化建议，形成一套属于自己的研学路径。

（三）目标分析

结果性目标：通过展示研究活动，师生共同反思研究过程与结果，从问题提出、问题解决、结论反思三个方面做出鉴定、评价，为进一步撰写研究报告提供支撑。

体验性目标：学生在展示、师生相互质疑答辩的活动中，体验问题生成、解决与课题研究方法之间的关联；体验研究性学习各环节之间的关联。

（四）资源分析

本课程核心任务为针对黄龙溪景区，自主生成探究主题，设计研究方案，实地调查实施，尝试撰写研究报告。本课为该课程实施中的研究性学习展示与总结阶段。在本课时中，想着力解决的问题是学生通过提出研究主题、确定研学内容、设计研学方案、实地调查实施搜集资料和数据、归纳分析和数据处理或建模这样的一个研学过程中发现自己在研学中的优势与不足，发扬自己的优点，改进自己的不足之处，从而为以后能够独立进行课题研究打下坚实的基础，也为下一步更好地撰写研学调查报告提供保障。

高中地理课程标准中明确提出："倡导自主学习、合作学习和探究学习，开展地理观测、地理考察、地理实验、地理调查和地理专题研究等实践活动。"建构主义学习理论也非常强调学生学习的探究性、主体性、交互性、过程性、开放性等。为了落实新课程的理念，在建构主义理论的指导下，本课时的设计重视探究性学习，充分突出学生主体地位。问题的提出及研究方案的设计、实地调研、资料搜集、资料的分析统计都是学生分组讨论、合作探究等方式完成，在课堂上，教师营造轻松和谐的问题探究氛围，通过学生分小组展示自己的研学过程及自己在研学中的反思，相互质疑，答辩，并且针对学生和老师的提问做出回应，自主体验研究过程的得失，教师仅仅起一个引导的作用。

（五）主题分析

根据该课程规划纲要的课次计划安排和前面关于本次课程活动与学生情况的分析，将本次课的活动主题确定为研究性学习展示与总结。

二、教学实施设计

活动流程：本节课参与成员包括地理学科及相关学科老师，三组课题的学生。首先，授课教师对研究性学习前期过程做大致介绍，明确本节课的学习目标，时间 3min。接下来学生展示研究性学习方案设计与设施的过程及反思。以小组为单位，通过口头讲述，PPT 展示本小组是如何选择研究方向确定研究主题的、选择的背景是什么；该主题研究的目的是什么；研究内容包含哪些；选择哪些研究方法；怎样实地进行研究性学习的；获取了哪些资料或数据；怎样处理这些资料或数据的；得出了什么样的结论；应对措施是什么；最后展示本小组在研究性学习过程中有哪些收获和困惑，每个课题展示时间在 5min 以内。接下来，评审组成员及其他小组学生就其展示的研学方面提出对于阐述不清晰，不明白或者有待考究的问题，学生回答问题，每个课题 5min。最后，评审组成员给予每个课题一个综合性的评价和鉴定，提出相应的改进意见。

（一）教学环节（如表 2 所示）

表 2

教学环节	学生活动	教师活动	设计意图
任务解说	聆听，回答问题	讲述、指导，回顾研究性学习方案设计与实施的过程，引出本节课学习的目的，师生一起进行总结和反思 提示本节课研学流程：展示研学过程与结果，相互质疑，完善自己的研学路径	营造问题情境，学生明确本节课时的学习目标

（续表）

教学环节	学生活动	教师活动	设计意图
展示交流	（1）以小组为单位，通过口头讲述，PPT 展示，研究性学习方案的设计与实施过程和结果，提出在研学过程的收获和困惑 《黄龙溪景区卫生状况调查研究》课题组展示 《黄龙溪古寺建筑调查研究》课题组展示 （2）每个小组展示结束后，小组之间相互质疑、答辩 分小组对于同学提出的问题做好记录	质疑、评价 教师对学生在研学过程中存在的优点提出肯定和鼓励；对于不足之处，教师引导、协助学生完善、改进	学生在展示研究性学习过程、师生相互质疑答辩的活动中，体验问题生成、解决与课题研究方法之间的关联；体验研学各环节之间的关联
总结评价	评审组成员给予每个课题一个综合性的评价和鉴定，提出相应改进意见 执教老师点评：研究性学习方案设计与实施各环节学生的优缺点，关注点落在各环节学生研究的深度		有针对性地对研究性学习方案设计与实施过程给出建议和评价，协助学生形成一套属于自己的研学路径
课后完善	学生通过反思自己的研学过程，弥补不足，撰写调查报告	教师引导学生反思，体验问题生成与问题解决之间的关系；体验问题解决方案与实际问题解决过程之间的关联	学生反思展示过程，进一步完善研学各环节，为后续调查报告的撰写打好基础

（二）评价预设

评价预设主要从三个方面来评价：引入评价：问题引入，回顾前期研学过程，引入本课；对小组互评的评价：从研学各环节肯定和鼓励小组评价；对小组展示评价：对展示环节给出点评。

（问题导入）在本节课之前，同学们已经针对黄龙溪景区选择出了感兴趣的研究课题，通过自由组队设计好各课题小组的研究性学习方案，依据方案，学生实地到黄龙溪景区考察，各小组通过问卷调查、访谈法和观察记录等方式获取了一手数据资料，学生通过逻辑分析、数理统计或模型，对数据或资料进行处理，并由此得出了研究结果。接下来请其中两个小组依次展示自己小组研究性学习方案设计与实施的过程及反思，在展示完后，其他小组的同学对他们的研究性学习方案设计与实施的过程及反思有不明白的地方提出自己的建议。

每个小组请安排一位记录员，将其他小组对本组研究方案的质疑以及意见做好记录，以便于课后进行完善总结。

小组一　《黄龙溪景区卫生状况调查研究》

点评点：

1．研究内容与研究主题匹配度不高

研究的方向为卫生状况，而你小组选择的研究内容仅是垃圾桶和厕所两项。卫生状况包含景区环境卫生、环境保护、公共场所和生活饮用水卫生、食品卫生等诸多方面。

2．调查问卷问题的设置对于课题研究目的的相关性

（1）您的性别是？

A．男　　　　B．女

（2）您的年龄？

A．20～30 岁　　B．30～45 岁　　C．45～60 岁　　D．60 岁以上

分性别和年龄进行差别化调查，可以关注不同人群对于卫生状况的关注度。

（3）您来此景区旅游的目的？

A．观光　　B．度假　　C．考察　　D．其他

（4）这是您第几次前来此地？

A．1 次　　B．2 次　　C．3 次　　D．3 次以上

但是，其中有些问题的设置对于课题研究目的来说，指向性不够明确，不科学。

3．课题研究过程中，研究环节完善，但是，就如刚才所说，研究主题、研究内容、问卷的设置方面还可以更完善一些。

创新点：将景区卫生状况这一直观感受化为科学数据来进行研究，用科学的方法和思维来尝试解决问题。

小组二　《黄龙溪古寺建筑调查研究》

点评点：

1．该课题的研究对于古建筑专业要求较高，对于高中生来说难度较大，可以适当降低研究的专业性。例如，研究古寺建造历史，这方面通过查阅文献法或者访谈法就较容易开展。

2．方案设计不全面，研究内容前部分比较单薄，可以增加古寺修建的原因，从镇江寺地理位置、水文、地形、气候等条件等方面着手研究，黄龙溪古镇实际上位于河谷地区，周围是小丘陵，周围地势有一定的坡度，而此处是亚热带季风气候，降水集中且多暴雨，常常发生洪涝灾害，故当地人为求减缓洪灾，因而修建镇江寺。

创新点：该课题从设计方案搜集相关数据、查阅文献，到实地调研考察，绘制图形，在利用 3D 软件和 3D 打印技术打印出模型，虽然最终受限于研究条件，3D 模型没能打印出来，但是，也显示出该课题组具有较强的科研综合能力。信息技术的使用，信息的搜集、筛选和整理。

（三）板书设计（如图 1 所示）

图　1

（四）教学流程（如图 2 所示）

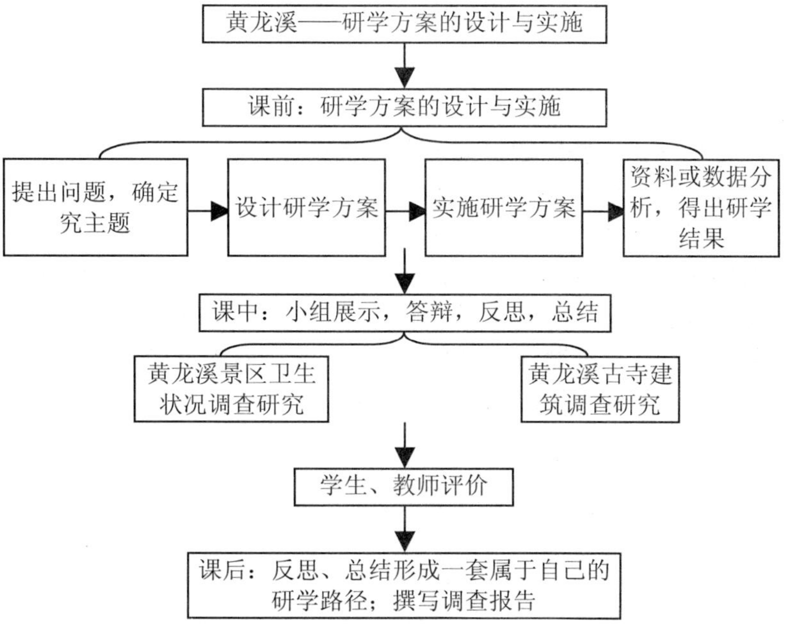

图　2

三、教后评价反馈

（一）信息搜集

课后认真观看了上课录像和评课录像，并收齐了各小组依据课堂上其他小组同学和指导教室的意见和建议进一步优化后的专题调研设计。

（二）自我评价

课堂中学生发言积极踊跃，相互质疑点评，现场气氛活跃甚至激烈。两个研学小组展示了他们的研学过程及结果，也谈到了他们收获和反思，其他两个小组与展示的小组进行了激烈的讨论。通过本课的研讨，学生更加清晰了研究性学习的一般路径、研学各环节之间关系，基本达成了教学目标。

本次展示与总结课给本人带来了以下三个方面的启示，第一，在综合实践活动实施过程中，教师有效指导与学生有效落实实施相辅相成。在综合实践课过程中，需要课前给学生给予有效指导；在课堂中给予学生充足的展示自我、自主实践的时间和空间，要关注学生在研究性学习过程中生成的问题，及时鼓励学生、引导学生，在课后需要监督学生进步完善反思提炼。对教师来说，课堂就不仅仅是 40min，还包括课前课后的引领，这就更加考验老师的综合素养。第二，综合实践活动需要跨学科的教师合作。本节课的研讨过程集中了地理、数学、历史、信息技术等多学科的智慧，其中镇江寺大门 3D 设计，请信息中心的老师亲自帮助指导，这说明我们高中的综合实践课程需要整合跨学科的教师团队甚至社会资源，而不能仅仅依靠某学科教师的单打独斗。第三，综合实践课给予老师和学生共同成长。学生在研究性学习过程中能够掌握研究性学习的一般方法、其他相关技术性、社会交流能力等各方面的知识。老师在此过程中也不断丰富自己的知识储备。

（三）反馈调整

学生的展示的是研究性学习的过程及结果，包含研究性学习每个环节，展示的内容比较多。因此，也反映出一些问题：第一个问题就是学生对研究性学习各研究环节的关联性掌握还不到位，针对这个问题，教师应当引领学生建立研究性学习各环节的流程构架，以学生当前的研究课题为基础梳理研究性学习各环节的关联性；第二个问题就是学生在问卷设置时的困惑，针对这个问题，教师应该帮助学生先梳理清楚课题研究的目的和内容，针对课题内容一条一条地来设计问卷的问题，并通过学生目前的问卷反过来引领学生思考在问卷设置时理清楚课题研究目的和内容对问卷设置的指向作用。

黄龙溪古寺建筑调查研究（一）

刘茹萍　刘语桐　李润雨

一、研究背景

黄龙溪古寺，以其悠久的历史和深刻的文化底蕴吸引着全国各地的人们前去游玩。

二、研究目的

黄龙溪古寺的魅力来源、黄龙溪古寺的结构风格、特点的原因（与人文、自然地理有关）。

三、研究内容

（一）寺庙的基本信息

古龙寺位于成都市双流区华阳镇黄龙溪镇，是黄龙溪古镇修建最早的一座寺，位于古镇正街南首，坐南向北。古龙寺以古寺庙、古戏台、古榕树“三古”有机结合，而成为各寺之首。古龙寺内，还有一座“三县衙门”。历史上，黄龙溪属华阳县（今双流县华阳镇）、彭山县、仁寿县的“金三角”地带，民事、经济纠纷、匪患困扰三县，遂设三县衙门。

镇江寺位于双流区黄龙溪镇黄龙正街最北端，这座古刹原是清初移民兴建的镇江王爷庙，是当时船帮祭祀集会的场所。

潮音寺位于成都市双流区黄龙溪镇正街古街当中，古称乐善堂，是一座尼姑庵。

（二）风格渊源

1．人文

（1）传说：相传，以前大殿内塑有“镇江杨泗将军”神像，斩龙杨泗将军，本是源于湖南的民间道教水神，明清时期“湖广填四川”，因其能斩除蛟龙，平定水患，而被广泛尊奉。现在的镇江寺已经变成一座佛教寺庙，入口处是弥勒佛和四大金刚，大殿内则供奉着西方三圣。

（2）风俗：黄龙溪镇江寺因龙得名，因龙而灵，龙佛、龙寺、龙灯、龙舟，构成丰富多彩的龙文化主题。黄龙溪烧火龙起源于南宋时期。先民们根据“龙见武阳赤水”和民间流传的关于主宰光明与黑暗的“烛龙”与主管风雨的“应龙”神话及“龙生九子”的故事，在“舞龙”这个图腾文化的基础上，创造了独具特色的“火龙灯舞”。“岁岁春节烧火龙，烟花启蒙乐融融。一行火焰高百丈，龙腾人欢气势雄。”这是对舞龙灯习俗的生动描写。

（3）历史：2000 多年前，古蜀先民在此繁衍生息：老街南、北、中错落的古龙寺、镇江寺、潮音寺形成街中有庙、庙中有街的奇特景观；已有三百余年历史的全木结构古戏台保存完好；六株千年古榕树掩映着古镇的魅影；古老的唐家大院演绎着客家文化的风云；三县衙门诉说着民国时期的历史。

2．自然地理：镇江寺位于双流区黄龙溪镇黄龙正街最北端，这座古刹原是清初移民兴建的镇江王爷庙，是当时船帮祭祀集会的场所

（三）独特建筑风格——镇江寺独特的“一进式四合院”

背景：镇江寺位于黄龙溪古镇黄龙正街最北端，这座古刹原是清初移民兴建的镇江王爷庙，是当时船帮祭祀集会的场所。因农历六月初六为杨泗将军圣诞，所以，每逢四爷生日，周边的善男信女都会来此朝会。

第一，前期准备阶段（背景介绍、分工、时间安排、资料准备搜集、整理课题研究过程资料主要包含采访笔录、实物、图片资料、视频资料等）（刘语桐）

第二，小组实地踩点考察阶段（查具体位置、协商调整研究方向及内容、完成课题研究方案）（刘语桐，李润雨，刘茹萍）

第三，研究实施阶段（部分资料搜集、交流讨论）（刘语桐，李润雨，刘茹萍）

第四，外出实地调查研究

1．访谈法（通过访谈记录的方式，了解镇江寺的历史和传说）（李润雨进行访谈）

内容：

①关于“镇江杨泗将军”神像，斩龙杨泗将军的历史故事

②关于主宰光明与黑暗的“烛龙”与主管风雨的“应龙”神话及“龙生九子”的故事

③关于用途：是当时船帮祭祀集会的场所

2．文献法：通过百度网豆芽网等进行整理（刘语桐）

3．问卷法：通过问卷调查的方式，调查人们对古寺建筑物的认知情况，黄龙溪古寺的知名度和古寺对人们的吸引力，黄龙溪古寺让旅客印象深刻的文物类型，黄龙溪古寺整体文化底蕴中扮演的角色，黄龙溪古寺的宗教文化的知名度。（刘茹萍制作，李润雨和刘语桐分发问卷）

4．建模：通过3D建模的方式直观表现镇江寺的建筑结构（刘茹萍）

第五，关于黄龙溪镇江寺3D模型建造的数据采集及方式

1．镇江寺的殿宇位置分布（包括各殿宇的名称及其位置、殿中柱子的个数及其分布）

2．将重点位置和内容进行拍照（主要是一些细节的设计，如屋檐屋顶设计、各殿宇全景、重点内容细拍等）

3．实地测量各殿宇长和宽的比例（有工具就使用工具，无工具则使用步数测量法）

4．根据1中的信息进行实地草图绘制（重点是总体的分布图和立体实物草图）

第六，资料整理阶段（各组汇总各类资料、分析归类、形成成果）

第七，汇报展示交流阶段（汇报本课题研究全过程、展示活动成果、交流活动心得，合作完成汇报PPT，合作完成课题研究成果汇编）

预期成果：调查报告、照片和镇江寺3D模型

黄龙溪景区卫生状况调查研究（二）

刘科呈　陈天顺　胡耀丹　刘博超

一、研究背景

黄龙溪古镇由于优美的风景，吸引了各地的游客。同时卫生也是世界热议的话题，作为新时代中学生更应关注世界性话题，于是我们便选定了黄龙溪景区进行调查研究。

二、研究目的

1．了解黄龙溪景区卫生情况。

2．通过调查研究，培养搜集整理资料的能力，进行调查的能力和对资料分析处理的能力；锻炼社会生活的技能与方法。

3．通过活动培养对卫生性话题的关注，增强社会责任感和主人翁意识；培养爱护环境的思想意识；增强认识社会和参与社会生活的意识。

三、研究过程

第一阶段：实地考察黄龙溪景区的卫生状况（垃圾桶分布、游客对于垃圾的处理、厕所卫生状况），如表1所示。

表1　黄龙溪景区卫生情况观察记录表

垃圾桶位置	
垃圾桶的数量	
垃圾桶周边环境	
垃圾桶之间的间隔	
垃圾回收频率	
厕所位置	
厕所数量	
厕所面积	
厕所内部环境	
厕所外部环境	
厕所人流量	

第二阶段：学习问卷调查的基本方法。

（1）确定调查的目的、对象（黄龙溪景区内的游客）。

（2）学习如何设计调查问卷。

（3）学习搜集、整理、分析调查数据的方法。

（4）学习调查问卷需要注意的礼仪。

第三阶段：设计调查问卷（见附件）。

第四阶段：制作调查计划并实施。

（1）实地考察

地点：黄龙溪景区主街

考察时间：2018 年 11 月 13 日

方案：观察记录黄龙溪景区的垃圾桶个数及分布、厕所分布及内部卫生状况。

记录方式：文字、照片、拍摄游客处理垃圾的视频

负责人：刘科呈　陈天顺

（2）游客问卷调查

地点：黄龙溪景区主街

调查时间：2018 年 11 月 13 日

对象：黄龙溪景区游客

方案：随机抽取 20 名游客进行问卷调查，统计数据

负责人：刘博超　胡耀丹

（3）访谈法

地点：黄龙溪景区主街

调查时间：2018 年 11 月 13 日

对象：黄龙溪景区游客

方案：随机抽取 6 名游客进行问卷调查，统计数据

负责人：刘博超　胡耀丹

第五阶段：分析资料，撰写报告。

预期成果：

调查报告

附　件　黄龙溪卫生情况问卷调查

朋友您好！我们是来自成都十二中的学生。因学习需要，想调查黄龙溪景区的卫生状况。在此占用您 1min 的宝贵时间进行匿名调查，感谢您的大力支持！

1. 您的性别是？

A. 男　　B. 女

2. 您的年龄？

A. 20～30 岁　　B. 30～45 岁　　C. 45～60 岁　　D. 60 岁以上

3. 您来此景区旅游的目的？

A. 观光　　B. 度假　　C. 考察　　D. 其他

4. 这是您第几次前来此地？

A. 1 次　　B. 2 次　　C. 3 次　　D. 3 次以上

5. 您平时关注环境卫生问题吗？

A. 经常　　B. 偶尔　　C. 很少　　D. 从不

6. 当您看见景区内有垃圾随地乱扔的现象，会影响您的游玩心情吗？

A. 是　　B. 可能　　C. 不会

7. 您认为导致乱扔垃圾的行为的主要原因是？（多选）

A. 环保意识欠缺　　B. 管理处罚力度不够

C. 景区内摊档买卖　　D. 其他

8. 当您看见有人随地乱扔垃圾时，您会？

A. 上前阻止　　B. 直接去景区管理处举报

C. 发微博曝光　　D. 其他

9. 您认为黄龙溪景区内的垃圾桶布局是否合理？

A. 是　　B. 否

10. 您对于景区内的垃圾怎样处理？

A. 随身携带垃圾袋　　B. 扔进景区内的垃圾桶　　C. 随手丢掉

11. 您是否会在丢垃圾时进行分类？

A. 是　　B. 否

12. 您认为景区内的厕所是否方便寻找及前往？

A. 是　　B. 否

13. 您对景区厕所卫生状况的看法？

A. 良好　　B. 一般　　C. 差

14. 您对景区内餐馆的卫生状况是否放心？

A. 是　　B. 不关心　　C. 否

15. 您是否有过食用景区内食品后不良反应？

A．是　　B．否

16．您是否关心景区内垃圾处理？

A．有　　B．无

17．您认为是否有必要实行景区内卫生处罚管理措施？

A．十分有　　B．也许　　C．没必要

18．您愿意当一名环保志愿者吗？

A．愿意　　B．不愿意　　C．人多就去

19．您对景区内整体的卫生状况是否满意？

A．是　　B．一般　　C．否

20．您还会再次回到黄龙溪旅游吗？

A．一定　　B．可能　　C．不

访谈记录表	
课题题目：黄龙溪景区卫生情况调查	
访问者（学生）：刘博超　胡耀丹	访问日期：2018 年 11 月 13 日
被访者情况 性别：　　职务： 年龄：	
地点：黄龙溪古镇主街	方式：面对面
目的：通过与游客进行访谈，了解黄龙溪卫生情况	
主题：黄龙溪景区卫生状况	第 1 次活动
访问记录： Q1 请问您对垃圾桶的分布是否满意及有何意见？ 答： Q2 请问您对景区厕所整体卫生情况有何意见？ 答： Q3 请问您对景区垃圾桶及厕所周围环境的看法？ 答：	

Q4 您对目前景区卫生管理制度有何建议？

答：

访谈活动总结：

记录者：

行走地理——调查研究望江公园旅游开发中的问题

川大附中项目课程开发实施规划纲要

课程首席教师　房华金（地理组）
课程参与教师　汪建军　刘文娟（地理组）

<table>
<tr><td>课程名称</td><td colspan="8">行走地理——调查研究望江公园旅游开发中的问题</td></tr>
<tr><td>课程类型
（勾选）</td><td>√</td><td>必修的综合实践
活动课程</td><td></td><td>必修的
劳动课程</td><td></td><td>选修的
学样课程</td><td></td><td>选修的
校本课程</td></tr>
<tr><td>实施对象</td><td colspan="3">高一年级学生</td><td colspan="3">建议选课学生人数</td><td colspan="2">10～15 人</td></tr>
<tr><td>课程课时
及上课时段</td><td colspan="8">5 次 10 课时，划定课程时间</td></tr>
<tr><td>课程背景</td><td colspan="8">（一）课程开设背景分析
四川大学附属中学位于九眼桥 500m 范围内，这个范围之内还有成都的另一名片，那就是望江公园。望江公园位于成都市九眼桥锦江南岸，是成都市著名的旅游景点。其前身是明清两代时，为纪念唐代女诗人薛涛而先后建起的崇丽阁、濯锦楼、浣笺亭、五云仙馆、流杯池和泉香榭等建筑，民国时辟为望江公园。望江公园最宏丽的建筑是高 39m 的崇丽阁，其名取义于晋代文学家左思的《蜀都赋》中的“既丽且崇，实号成都”一句，因其直矗立在锦江岸边，民间称之为“望江楼”。共 4 层，上两层平面为八角形，下两层为四方形。每层的屋脊、雀替都饰有精美的禽兽泥塑和人物雕刻。吟诗楼是依据薛涛生前的吟诗楼修建的，三叠相连、四面敞轩的楼身掩映在江边柳荫竹影之中，波光云影相衬，显得格外秀丽飒爽，颇具画意诗情。五云仙馆、泉香榭、枇杷门巷、清婉室、浣笺亭等纪念性建筑群，布局精巧，题咏碑刻、匾联书画甚多。一阁两楼与毗连的五云仙馆，构成极富四川风格的园林建筑群。崇丽阁南面的薛涛井，是明代蜀藩王仿制薛涛笺处。“薛涛井”三字，是清康熙六年，成都知府翼应熊手书。据说薛涛用这里一口古井的水制作了一种红色的小笺，其色彩绚丽且又精致，唐著名诗人韦庄还曾向她乞求呢。薛涛塑像位于园中幽篁深处，1984 年建成。塑像高 3m，由汉白玉雕成，四周碧水环绕、地面绿草如茵。薛涛墓 1994 年 10 月恢复修建。由墓碑、墓体、墓基平台组成，墓碑上题有“唐女校书薛洪度墓”。墓四周由青砖砌成矮墙围护，配置有草坪、小桃花、翠竹。读竹苑 1995 年始建，为公园的品种竹区。苑内翠竹丛丛，叠石配景，汉白玉石碑上刻有薛涛和历史名人咏竹画竹的佳作，构成一幅幅的竹石图景
近年来，望江公园开展了一系列竹文化相关的展览展示、文化体验、艺术表演、游戏等项目。望江楼公园是中国竹品种最多的专类公园，被誉为“天下第一竹园”。竹文化与薛涛文化、古建文化并称公园三大特色，对于竹文化的推广和传播历来都是公园重点工作内容，成功举办的竹文化节，在成都乃至四川范围内都产生了积极且深远的影响。那么对于“00 后”的我们希望望江公园怎么与时俱进，才能对我们有去足够的吸引力呢，同时又能传输出上文提到的望江公园的文化</td></tr>
</table>

（续表）

课程背景	如此具有历史文化价值的一座公园，怎么也值得去探究一番。况且对于“00 后”的一代，望江公园的历史厚重感表现力并不是那么浓厚。他们对于望江公园的影响普遍是喝茶聊天、跳广场舞、坐碰碰车游乐场，而对于望江公园的历史、文化了解的甚少，甚至不知。那是什么原因让望江公园的历史消失在“00 后”的视野里呢？这就有了本次课程开设的缘由 （二）课程资源背景分析 1．硬件资源背景：望江公园距离学校较近，从地缘上来说学生能够有较强情感感受，且公园管理处能够较容易搜集相关资料；同时公园旅游开发研究是目前较热的研究项目，能够作为学生研学设计的基本参考资料；计算机教室可以辅助学生完成资料查询、方案设计 2．人力资源背景：研学已经是一门比较成熟的课程，老师积累下丰富的教学经验，同时学校周围的人群对于望江公园也是非常了解，可以成为课题研究的资料搜集对象；课程教师可以协助学生进行问卷设计、数据分析、方案改进 （三）学生背景分析 1．知识储备方面：本课程参与的同学为高一年级的学生，他们大多数长期居于成都市区，对望江公园都比较熟悉；对于本课程所需要的问卷的使用、采访提纲设计、数据分析等方面有一定的学习能力 2. 研究素养方面：通过高中一学期的学习后，学生基本了解研究性学习的思路和方法，能够运用研究性学习去研究相关问题，并且学校具有浓厚的研究性学习氛围，老师利用研究性学习的方法教学，学生利用研究性学习。因此，学生具备一定的研究能力 3．研究意愿方面：望江公园是成都一个耳熟能详的地方，但在不同年代的人眼里其有不同的含义，对于父辈眼中的望江公园和“00 后”眼中的望江公园为什么不一样？望江公园的历史文化为什么没有成为游客的印象最深刻的记忆？望江公园举办的推广活动对望江公园产生了怎样的影响？这些都值得我们去探究发现，去推广一个“00 后”眼中的望江公园
课程内容 （核心问题）	自主生成望江公园旅游开发研究问题，探索改进举措，撰写研究报告 问题： 1．望江公园旅游开发中存在哪些问题 2．针对问题怎么设计研学方案并实施 3．怎么撰写调查报告 活动：设计；实施；撰写
课程目标	（一）结果性目标 设计出望江公园研学方案，实施方案发现望江公园景区优缺点，针对问题提出解决措施；拓展视野关注身边的社会发展，发展团队合作精神 （二）体验性目标 在设计实施望江公园研学方案活动中，体验人类活动与环境之间的关系，体验问题生成、研究方案与问题解决之间的关联

（续表）

	课次	主题	研究环节	学生活动	课前课后任务	活动地点
课次计划	1	提出问题：了解研学，提出研学方向	明确课程目标，学习研究方法	学习公园类景区开发研究的研究方法，查阅望江公园相关资料	课前：资料查询 课后：成立小组，明确分工，设计初步方案	多媒体教室
			发现问题，组建团队	自主生成研究问题，寻找志同道合的队友		
	2	解决问题1：设计研学方案	研学方案设计	结合问题在提出设计出实际可行在研学方案（包含设计问卷调查、访谈内容）	课前：资料搜集 课后：修改设计方案	多媒体教室
			研学方案论证	师生之间论证（包含设计问卷调查、访谈内容）		
	3	解决问题2：实施研学方案	实地调查研究	有针对性地展开实际调查研究，搜集资料，概括望江公园旅游资源开发现状	课前：资料搜集 课后：整理调查资料	望江公园
			实践过程中生成性问题的探究	实践过程中生成性问题的讨论和解决提出解决景区发展的实际策略		
	4	反思提升：汇总资料，发现问题，提出措施	梳理调查资料，发现问题，提出措施	根据望江公园旅游资源类型及特点和望江公园旅游资源开发评价，提出景区开发合理建议	课前：梳理调查资料 课后：进一步梳理资料，初步生成调查报告	多媒体教室
			论证	小组之间、师生之间置疑，完善策略		
			初步生成研究性学习报告	整理讨论结果，联系研究前后过程，初步生成研学报告		
	5	评价反馈：研究性学习成果评价	撰写研究性学习报告	撰写报告	课前：小组分工，明确任务 课后：根据评价结果，完善报告	多媒体教室
			评价	分小组 PPT 展示研究成果		
学生作品	研究性学习报告					
评价方式	调查研究方案（注重生生互评以及自我评价）、研究性学习过程与结果评价表					
安全保障	一般校内活动安全保障					

（续表）

条件保障	课程开发组外部保障：望江公园景区相关的配套机构 学校多媒体教室、网络图书馆等硬件支撑 课程开发组内部保障：地理教研组专业指导 研究性学习的知识与方法
开发次第	课程为再次开发
课程审批	1．课程教学处：　　　　　　签　章　　　　年　　月　　日 2．学生发展处：　　　　　　签　章　　　　年　　月　　日

“调查研究望江公园旅游开发中的问题”研究性学习方案的学习与问题生成

一、教学分析设计

（一）活动分析

研究性学习是指学生基于自身兴趣，在教师指导下，从自然、社会环境中选择和确定研究主题，运用实地观察、访谈、实验等方法，获取材料，从而解决地理问题。研究性学习包括发现并提出问题；提出假设，选择方法，研制工具；获取材料；提出解释及观念；交流、评价探究结果；反思和改进几个环节。

研究方案是学生在具体研究活动前的设计，合理制定计划可以帮助学生在课题研究中有条不紊地开展工作，可以帮助学生知道该如何完成任务，也可以对一些可能遇到的问题做好提前的应对。这个环节对整个课题具体的开展和实施具有重大的意义。

课程的课次计划如表 1 所示。

表 1

课次	主题	学生活动	课前课后任务	活动地点
1	明确课程目标，学习研究方法和研究问题	学习公园类景区开发研究的研究方法，查阅望江公园相关资料，自主生成研究问题	课前：搜集资料 课后：查阅相关研究论文	教室
2	实地考察望江公园	搜集资料，概括望江公园旅游资源开发现状	课前：搜集资料 课后：整理考察资料	望江公园
3	望江公园旅游资源的类型及特点；旅游资源开发评价	概括望江公园旅欧资源类型及特点；从游览价值等角度评价望江公园旅游资源开发条件	课前：搜集资料 课后：撰写望江公园旅游资源开发评价	教室
4	望江公园旅游开发改进举措	根据望江公园旅游资源类型及特点和望江公园旅游资源开发评价，提出景区开发合理建议	课前：查阅著名公园景区特色 课后：撰写望江公园开发建议	教室
5	撰写、修改论文	整理前 4 次课资料，撰写论文	课前：整理资料 课后：按修改后的要求整理论文	教室

（二）学生情况分析

知识储备：高一学生在高一必修课程中，已经对地理环境的各个要素有了一定的涉猎，学生对周边的环境问题有了一定的认识和看法，有探究的兴趣。自己对望江公园古镇这一区域研究的主题，对研究性学习的流程也有了一定的认识。

已有研究基础：教师在本节课前已经充分结合学生经验，为学生提供了关于望江公园若干问题的研究论文等，并且制定了《研究性学习手册》，在手册里详细地介绍了研究性学习的一般思路，具体研究方法和实际案例，学生能够交流并且成体系地领会研究性学习。

学生积极参加研究性学习案例的研读，通过小组讨论、师生对话等活动，树立学生研究性学习思维和研究性学习模式，增强活动的计划性，提高学生的活动规划能力。同时，引导初步生成研究性问题。

（三）目标分析

结果性目标：小组合作探究研究性案例，熟悉研究性学习各环节和常见研究方法，初步生成研究性调查问题。

体验性目标：学生在讨论、研究案例的活动中，体验问题生成与课题研究背景之间的关联；体验研究方案中各个环节之间的关联。

（四）资源分析

本课程核心任务为自主生成望江公园调查问题，设计实施研究方案，尝试撰写调查报告。本课为该课程实施中的课题调查问题生成阶段。在本课时中，想着力解决的问题是学生通过对《研究性学习手册》的学习，熟悉研究性学习的各个环节并自主地生成调查问题，从而为下一步更好地设计研学方案提供保障。

我国高中地理课程标准中明确提出："倡导自主学习、合作学习和探究学习，开展地理观测、地理考察、地理实验、地理调查和地理专题研究等实践活动。"建构主义学习理论也非常强调学生学习的探究性、主体性、交互性、过程性、开放性等。为了落实新课程的理念，在建构主义理论的指导下，本课时的设计重视探究性学习，充分突出学生主体地位。问题的提出及研究方案的撰写均由学生通过资料搜集、实地调研、分组讨论、合作探究等方式完成，在课堂上，教师营造轻松和谐的问题探究氛围，通过学生分小组阐释方案，相互质疑，答辩，并且针对学生和老师的提问做出回应，自主体验研究方案的论证过程。教师仅仅起一个引导的作用。

（五）主题分析

根据该课程规划纲要的课次计划安排和前面关于本次课程活动与学生情况的分析，将本次课的活动主题确定为：自主生成望江公园调查问题，设计实施研究方案。

二、教学实施设计

活动流程：三位地理老师、三位实习生和三组开题汇报的学生。本课内容分两部分，第一部分学生讨论、师生互动学习研究性的各环节及常见研学方法。第二部分自主生成望江公园研学调查问题，自愿分组和论证。首先，授课教师对课题的准备过程大致介绍，明确本节课的学习目标，时间 3min。接下来教师介绍研究性学习的一般思路和研究方法。

学生研读《研究性学习手册》，并就教师的讲解有不明白的地方提出来。接下来，教师给出关于望江公园的背景资料及以往的研究论文，学生自主生成望江公园研究调查问题，并根据自己的兴趣自愿分组，然后论证调查问题的可研性、可操作性等，梳理问题生成的背景和目的。每一组派出一位代表阐述本组的研究问题、研究背景、研究目的，教师及其他小组学生就该小组研究问题、研究背景、研究目的提出对于阐述不清晰，不明白或者有待考究的问题，由学生代表回答问题。每个课题 5min。最后，评审组成员给予每个课题一个综合性的评价和鉴定，并提出相应改进意见。

（一）教学环节（如表 2 所示）

表 2

教学环节	学生活动	教师活动	设计意图
提出问题	聆听，回答问题	介绍研究性学习的概况，明确研学方案设计与实施的现实意义，介绍本次课的主要学习内容	营造问题情境，学生明确本节课时的学习目标
学生学习研学	研读《研究性学习手册》，学习研究性学习的一般路径	教师引导学生学习研究性学习的一般环节	学生明确研究性学习的各个环节
学生自主生成调查问题	研读望江公园背景资料及以往研究案例，自主生成调查问题，并自愿分组论证调查问题的可研性 《浅谈望江公园的空间规划及管理》课题组 《望江公园旅游开发与改善措施》课题组	质疑、评价 引导学生自主生成调查问题，并自愿分组论证调查问题的可研性	自主生成望江公园调查问题，体验问题生成与研究背景和目的之间的关联；体验研究方案中各个环节之间的关联
小结	教师针对学生自主生成的问题给出一个综合性的评价和鉴定，提出相应改进意见 执教老师点评：调查问题的科学性和可行性。关注研究背景的准确性和研究内容与调查问题的相关性		有针对性地对调查问题给予建议和评价，帮助学生设计研究性方案
课后完善	学生通过反思自己的自主生成调查问题的活动，完善研究背景和研究目的	教师引导学生反思，体验问题生成与研究背景和研究目的之间的关系。体验问题解决方案与实际问题解决过程之间的关联	学生反思自主生成调查问题的过程，进一步完善，为后续研究性方案打好基础

（二）评价预设

研究性学习是指学生基于自身兴趣，在教师指导下，从自然、社会环境中选择和确定研究主题，运用实地观察、访谈、实验等方法获取材料，从而解决地理问题。研究性学习包括发现并提出问题；提出假设，选择方法，研制工具；获取材料；提出解释及观念；交流、评价探究结果；反思和改进几个环节。每个小组请安排一位记录员，将其他小组对本组研究方案的质疑以及意见做好记录，以便于课后进行完善总结。

评价关注点：（1）生成的调查问题的可研性；（2）研究背景的可靠性；（3）研究目的的指向性。

（三）板书设计（如图1所示）

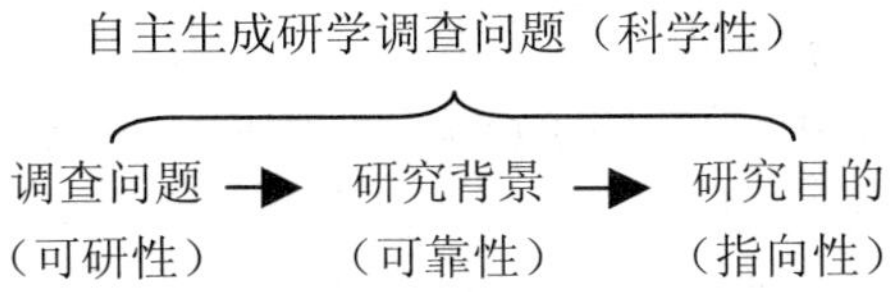

图　1

（四）教学流程（如图2所示）

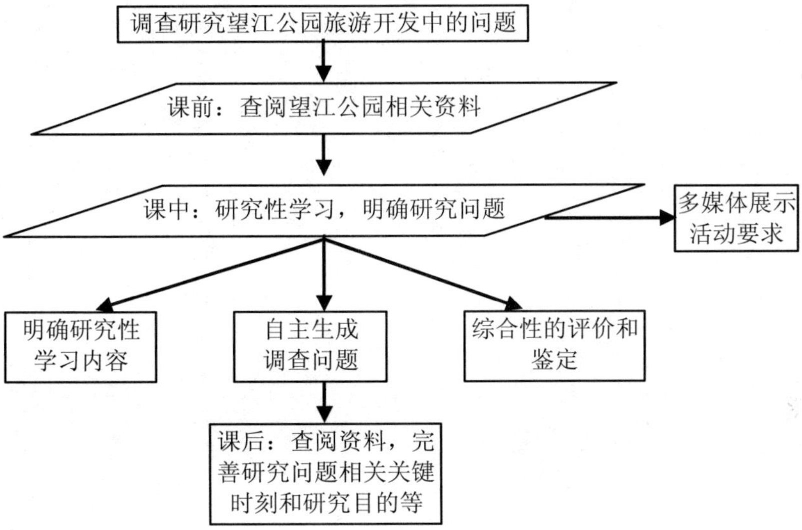

图　2

三、教后评价反馈

（一）信息搜集

课后认真观看了上课录像和评课录像，并收齐了各小组依据课堂上其他小组同学和指导教师的意见和建议进一步优化后的专题调研设计。

（二）自我评价

课堂中学生发言积极，在自主生成研学调查问题时进行了激烈的争论。通过本课的研讨，学生更加清晰了自主生成研学调查问题、研究背景和研究目的之间的关系，基本达成了教学目标。

在教学实施过程中，主要有两个方面感觉不足，一方面就是在学习《研究性学习手册》时，讲解不够生动具体，师生互动氛围没有调动起来，学生只是在听，笔者在讲。在课后笔者反思计划用 imindMap 8 设计出研究性学习的各个环节，用动画来展示研究性学习过程。另一方面就是引导学生自主生成调查问题时，对学生的指导不是很全面，这方面感觉科研能力还需加强学习。

（三）反馈调整

学生在自主生成研学调查问题的过程中表现出对生成的问题缺乏可研性评估，笔者在课后针对每个小组进行单独的面对面分析，从而在学生原有的基础上提炼课题名称。但是，由于各方面的客观原因，学生的选题存在的问题并没有回避完，主要的原因还是在于学生参与研究性学习的时间不够充分，几乎没有课余时间，全靠课堂上的时间，因此，在课题最后确定方面时，都选取了较小的课题研究范围。

浅谈望江公园的空间规划及管理（一）

刘芸均　刘欣然

望江公园前身是明清两代时为纪念唐代女诗人薛涛而先后建起的崇丽阁、濯锦楼、浣笺亭、五云仙馆、流杯池和泉香榭等建筑，具有百年历史的望江楼化身为休憩娱乐的场所，翠竹环绕，涓涓细流，人们在这里品鉴历史，修身养性，一领“一水绕当门，滚滚浪分岷岑雪；双扉开对郭，熙熙人乐锦楼春”的笙歌鼎沸之境。本文结合景区规划及相关理论，以望江楼公园为例，探讨了望江公园的空间规划及管理，调查小组通过实地考察发现了开发中的问题，并对部分问题进行分析并提出了解决的方案。

一、望江公园的资源概况

望江公园坐落于锦江河畔，全园面积 188 亩，是纪念唐代女诗人薛涛的古迹和竹林游览胜地，分为文物保护区（39 亩）和园林开放区（149 亩）。园林开放区中，竹林特色显著，200 多种竹子尽悉处于与望江楼的土地上，除原产于四川的各种竹子外，还从省外、国外引进了许多竹种。它们或构成绿色的拱廊，或布成蔽日的浓荫，或屹立池畔江边，或环抱水榭楼亭；而文物保护区则现为全国重点文物保护单位，其中的薛涛纪念馆展示了唐代女诗人薛涛的生活经历及其诗歌艺术等相关史料，占地 700m^2，馆内陈设布局采用现代设计手法，颇具时代特色。

二、望江公园的旅游开发现状

（一）功能布局

望江公园主要分成四个活动区，正中央为园林展示区，在园林展示区的西南方为儿童娱乐区，园林展示区的东南方为文物古迹区。

主要的景观节点有望江楼、薛涛广场、湖心岛。望江楼位于景点东南侧，起俯瞰全景的作用；薛涛广场是望江公园的核心，通过文娱会演集中人气，吸引了许多外来游客；湖心岛位于景点西南侧，是望江公园的第二亮点。

（二）出（入）口通道

主入口人车混行，两旁茂密的竹林引导着人们走向大门，人行道旁排列着车辆，旁边即是停车场，场内满满当当，“座无虚席”。南出口是青瓦红墙的古建筑，红灯笼嵌在大红古木上，一派雕栏玉砌之景。

进入园中，羊肠小道旁竹林参差有致，人造湖及小桥也偶然穿插在这人间仙境中，阳光投射，宛如在竹海里泼翻一碗纯金，而沿江设置的次干道也便于人们欣赏美景。

（三）公共设施

望江公园共有五个厕所。停车场大概是占地 400m^2 的操场大小。

三、旅游资源开发中的问题及解决问题

（一）游乐场

游乐场与薛涛广场是望江公园噪音污染的主要来源。游乐场分布于望江公园的西南部，虽可吸引儿童游客的观光，但影响了游览竹林的气氛与景点的和谐度，而现代与传统的碰撞直接影响望江公园的整体美感和人们独特的审美体验。

我们的解决方案是协调游乐场管理员，能否减小游乐园的面积或是将游乐场做一个迁移。多元化发展是有前景的，但前提基础是功能分区明确且互不干扰，这才能提高一个景点的审美价值及人们的审美体验。

（二）厕所问题

望江公园共有五个厕所，虽基本能覆盖完全局，但数量少，分布远，服务范围小，服务等级较低，不能给游客提供舒适的服务。望江公园厕所都处于下风向，不会对景点造成空气污染。

我们提出的解决方案是在核心景区——薛涛广场周围增添厕所数量，扩大服务范围，这样更能提供舒适方便的服务。

（三）停车场

停车场位于主入口的右侧，面积狭小，数量不足以匹配客流量（百度百科显示，周一至周五客流量为 3000～4000 人，周六和周日甚至可以达到 7000 人），影响人们的出行方便，间接影响了景点的游客数量，而主路口被车辆阻挡了接近一半，既不方便人们的行动，也不符合消防条例，具有极大的安全隐患。

我们的解决方案是扩大停车场面积或建造地下停车场，使车主们能开车来，开车去，也能有效解决安全隐患。

四、尾声

“几层楼独撑东面峰，统近水遥山，供张画谱。聚葱岭雪，散白河烟，烘丹景霞，染青衣雾。时而诗人吊古，时而猛士筹边。最可怜花蕊飘零，早埋了春闺宝镜。枇杷寂寞，空留着绿墅香坟，对此茫茫，百感交集。笑憨蝴蝶，总贪迷醉梦乡中。试从绝顶高呼，问问问，这半江月，谁家之物？

千年事屡换西川局，尽鸿篇巨制，装演英雄。跃岗上龙，殒坡前凤，卧关下虎，鸣井底蛙。忽然铁马金戈，忽然银笙玉笛。倒不若长歌短赋，抛撒些闲恨闲愁。曲槛回廊，消受得好风好雨。嗟余蹙蹙，四海无归。跳死猢狲，终落在乾坤套里。且向危梯頫首，看看看，那一块云，是我的天？”

望江公园集聚着蜀地的灵气；望江公园，奠基者文化的厚实底蕴；望江公园依江而建，托起了无数文人雅士的那一片天！

望江公园旅游开发与改善措施（二）

谭　佳　潘欣怡

研究原因：望江楼公园坐落在成都东门锦江南岸，以拥有望江楼古建筑群和唐代著名女诗人薛涛纪念馆等文物遗迹而闻名中外，但望江公园的旅游开发有待于改进和完善。

简介：望江楼公园全园面积 188 亩，分为文物保护区（39 亩）和园林开放区（149 亩），是纪念唐代女诗人薛涛的古迹和游览胜地，现为全国重点文物保护单位。

一、公园资源情况

（一）薛涛文化

薛涛和当时著名诗人元稹、白居易、张籍、王建、刘禹锡、杜牧、张祜等人都有唱酬交往，居浣花溪上，自造桃红色的小彩笺，用以写诗，后人仿制，称为“薛涛笺”。晚年好作女道士装束，建吟诗楼于碧鸡坊，在清幽的生活中度过晚年。王建《寄蜀中薛涛校书》诗称道：“万里桥边女校书，枇杷花里闭门居。扫眉才子知多少，管领春风总不如。”

（二）竹林概况

望江楼公园开放区是以竹为主的园林景观区，是全国竹子品种最多的专类公园。薛涛一生爱竹，赞颂竹“虚心能自持”“苍苍劲节奇”。为纪念薛涛，后人在园内遍栽各类佳竹，荟萃了国内外 200 余种竹子，其中不乏名贵竹种，园内竹子姿态万千，各有妙趣。人们把这幽篁如海、清趣无穷的园林誉为“竹的公园”。

二、实践调查情况汇总

1．公园治安情况良好。75%的游客对公园治安十分满意，25%的游客认为公园治安还有提升空间。

2．关于竹林的后续开发有 65%的游客希望竹林自然生长，35%的游客认为可以对竹林进行统一的文艺修剪。

3．关于游乐园位于公园内问题，有 65%的游客的游客认为合理，35%的游客认为不太合理。

4．有 65%的游客因自然美景闻名而来，15%的游客是因为古韵文化出名，20%的游客是因公园名气慕名而来。

5．群众了解公园方式有 15%的游客是通过广告宣传，20%的游客从他人听说，20%的游客是偶然遇见，45%的游客因为居住在附近了解到。

6．75%的游客了解过公园的传统性活动，25%的游客认为活动较少或未曾听说。

实践调查情况表明

（1）优点：治安良好，未发生过恐怖袭击和不良分子打架斗殴现象。公园游乐园的设立富有现代社会气息，吸引了许多年轻的游客和儿童。园内景色优美，竹林尤为著名，千变万化的竹子增添了公园的自然感受，还有特色竹制艺术品古韵充足。

（2）缺点：古韵文化宣传不够到位，停车问题与周边住宿问题还有待解决，游乐园距离文化区太近，影响直观感受。

三、应对措施和改善办法

1．以历史文化、民俗古镇为主题的旅游小镇类项目。这类项目以当地文化为核心，新建仿古类建筑，完全开放的商业街区、表演、购物为主，形成主题卖点和特色。

2．对旅游者加强宣传教育。通过宣传教育提高旅游者的生态意识、环境意识，使旅游者自觉地运用生态学的原则指导自己的行为。如印制通俗易懂、图文并茂的说明书和导游图；再如在奇花异草、名木古树、地质遗存等处设立说明牌。

3．加强对经营者的教育。通过加强教育，使他们认清当今旅游发展趋势，以便他们在旅游开发经营中，运用生态学原理，针对各个年龄段的旅游者的需要，开发出适合的、与时俱进的新颖的旅游项目和产品。

4．合理控制旅游环境容量，改变游乐园等设施位置，适当减少茶馆数量，让竹林自然生长，大力宣传关于薛涛文化和望江楼的文化景点，开展富有古韵古文的经典活动。

四、望江公园发展趋势和前景

1．在宣传纪念产品形态和信息产品形态的体系中将更加具有互动性，相互渗透，相互作用，促进产品形态的多样化，

2．望江公园具有绝佳的地理位置和优美的自然风景，前临著名河流，旁边是四川大学和商业步行街，有巨大的开发意义，经济流通快，游客量大，是成为旅游富区的潜在黑马。

海绵校园之雨水花园建设

川大附中项目课程开发实施规划纲要

课程首席教师　陈　娟（地理组）
课程参与教师　杨　浩　王小林（地理组）

<table>
<tr><td>课程名称</td><td colspan="8">海绵校园之雨水花园建设
——实地考察校园雨水花园项目，设计讲解方案并现场讲解</td></tr>
<tr><td>课程类型
（勾选）</td><td>√</td><td>必修的综合实践
活动课程</td><td></td><td>必修的
劳动课程</td><td></td><td>选修的
学样课程</td><td></td><td>选修的
校本课程</td></tr>
<tr><td>实施对象</td><td colspan="3">高一年级学生</td><td colspan="3">建议选课学生人数</td><td colspan="2">15 人</td></tr>
<tr><td>课程课时
及上课时段</td><td colspan="8">5 次 10 课时，划定课程时间</td></tr>
<tr><td>课程背景</td><td colspan="8">（一）研究意义
居静幽处笃志，于无声处育人。校园环境具有暗示性、渗透性，它对学生潜移默化的影响是深远而持久的。无论是校园的自然环境，还是人文环境，对学生都是无声的教育，它们与有声的教育相配合，具有相得益彰的效果。校园是学生学习成长的环境，人改变环境，环境也影响人的行为，绿色的、生态的校园是学生可持续教育的直接载体，对人产生不可忽视的潜移默化作用。建设绿色校园有利于充分发挥环境育人的功能，让学生从小树立绿色、环保、低碳的理念，养成良好的节能环保的生活习惯
海绵校园建设是海绵城市建设不可缺少的一部分，建设海绵校园将极大地整体推进海绵城市的建设，同时提升绿色校园、生态校园的内涵。优良的学校环境是一种积极的教育因素，推进总数庞大的中小学绿色校园建设，将有力地推进整个社会的绿色发展、循环发展、低碳发展，既是可持续发展的要求，也是学校建立自身特点和提升教学效果的途径之一
本课程基于学生生活真实情景设计，可以凸显学生发现问题、解决问题的研究性和实践性、综合性
（二）学生背景
1．缄默知识方面：选修本课程的学生均为我校高一年级的学生，他们从小就对自己生活的城市，对自己所在的学校（幼儿园、小学、初中、高中）的校园环境不陌生。同时随着城市化进程的加快，中国众多的城市出现了城市内涝、城市热岛等生态环境问题，基于此，校园作为城市的一部分，也饱受城市生态环境问题困扰。学生对自己生活的城市大环境和校园小环境存在的生态环境问题都有一定的感性认识
2．显性知识方面：学生已有水循环和城市化知识储备，但是，利用水循环的原理研究模拟海绵城市，缓解城市化过程产生的城市内涝、城市热岛等城市的生态环境问题对于学生来说具有一定的研究意义及挑战性。学生求知的兴趣很浓，但知识的整合能力较弱，综合实践能力有待提高</td></tr>
</table>

（续表）

课程背景	3. 研究素养方面：高一学生经历了一学期的综合实践课的深度体验，以及学校的各种途径使之接受学校“培养—研究型”文化的熏陶。他们对于我们提出的回顾、观察已建设的校园雨水花园，并进行雨水花园项目讲解方案设计和实践有较大的兴趣，也有一定的实践和研究素养 （三）资源背景 1. 实践资源：本课程的实践资源丰富，“雨水花园”作为一种利用雨水资源的技术，具有结构简单、造价低、维护简单而又对改善校园和城市生态环境有明显效果的优点，具有广阔的应用前景。学校硬化的场地宽广，比如，建筑物楼顶等都可以作为成熟后的“雨水花园”的建设地点。经历了一学年的雨水花园项目建设，目前已经进行了前两个阶段：（1）雨水花园的理论研究和校园雨水花园建设方案设计；（2）校园雨水花园项目的初步建设。接下来要进行的是第（3）、（4）阶段，第三阶段是项目数据等信息搜集和分析；有了精准、详细的数据支撑，才能进行第四阶段项目观察、调试和改进。本期课程的开设本是延续第二阶段，进行第三阶段项目数据的信息搜集和分析，第三阶段的开展正好可以借助和依托校园地理园（气象园）开展，但是，鉴于气象站搁浅了。恰逢学校又有许多大型的参观、接待需求，所以，我们想培训一批高一的学生进行校园雨水花园的讲解，学生进行项目的讲解说明肯定比教师的讲解更生动、形象、多样，而且这批学生在未来的两年多的时间都是可以进行讲解接待的 2. 人力资源：一是学校领导一直以来就十分重视校园建设，学校也愿意支持并提供相关的建设材料保障。希望提供一个利于学生的全面发展和身心健康的场所。二是学校的广大师生都关注校园环境的建设，这对我校教室装修的现状调研及改进设计研究提供了丰富的人力资源支持，并且参与的地理组老师具有相关的丰富理论知识和动手实践能力，能够给予学生有效的指导
课程内容（核心问题）	核心问题：实地考察校园雨水花园项目，设计讲解方案并现场讲解。 问题： ①校园雨水花园前期建设是怎样的 ②我校雨水花园的特色是什么 ③如何对我校雨水花园项目进行讲解 活动：回顾、观察、设计方案、实践
课程目标	（一）结果性目标 1. 回顾、观察已建成的校园雨水花园现状 2. 设计我校雨水花园讲解方案并实践 （二）体验性目标 1. 在理论学习与实地考察、分析雨水花园现状的活动中，体验水循环与城市化之间的关联，体验地理、物理、生物、数学等多学科的关联 2. 在设计雨水花园项目讲解的方案和实践的活动中，体验项目讲解内容与呈现方法、形式的关联、体验缄默知识与显性知识的关联

（续表）

	课次	主题	研究环节	学生活动	课前课后任务	活动地点
课次计划	1	提出问题	发现问题	海绵城市原理的了解；常见的雨水花园的原理、形式、优缺点的了解；实地考察校园雨水花园项目，设计讲解方案并现场讲解	查阅学习雨水花园的相关资料等，进一步观察我校雨水花园的特点 查阅了解项目接待讲解相关技能	多媒体教室；生物园地
			组建团队	自行分组，按现有人数 12 人分为 2 组，每组 5～7 人		
			明确要求	1．讲解内容科学、准确，凸显我校雨水花园特色，并形成方案并上交（初稿：第 2 次课后交；中　稿：第 3 次课后交；终稿：第 5 次课上完成交） 2．讲解形式多样、科学、生动有趣（主持人讲解、直播、录播、小品、绘画、歌舞、实验演示……） 3．组内分工明确 组长：分工督促 记录员：记录资料要上交 信息搜集员：搜集信息保存好 主讲人：讲解展示 辅助讲解员：辅助展示 导演： 文案： 道具：		
			尝试查新	围绕本组拟解决的问题进行查新、学习与分析		
	2	解决问题 1：项目讲解方案的初步设计	搜集信息	在课前搜集信息的基础上汇总、梳理、分析	课前：分组研讨，有一个初步讲解方案的构想 课后：进行方案的细化，集中整理、讨论完善改进讲解方案，准备讲解用具、资料等	计算机房；生物园地
			制定初步方案	小组讨论，交流问题，初步设计讲解方案		

（续表）

<table>
<tr><td rowspan="7">课次计划</td><td rowspan="2">3</td><td rowspan="2">解决问题2：方案的第一次实施、改进（第一次试讲解）</td><td>方案实施</td><td>基于初步设计的讲解方案进行试讲解，提出初步改进建议</td><td rowspan="2">课前：继续调查、观察雨水花园具体现状，制定讲解方案、组内试讲
课后：完善课堂上形成的初步改进建议</td><td rowspan="2">生物园地</td></tr>
<tr><td>方案调整</td><td>进一步记录问题、讨论改进方案</td></tr>
<tr><td rowspan="4">4</td><td rowspan="4">实践反思：实践展示细化的讲解方案</td><td>记录写实</td><td>完善课前初步的讲解方案</td><td rowspan="4">课前：完成初步的方案写实记录，课前集中整理、讨论完善改进讲解方案，准备讲解用具、资料等
课后：对课堂上的实践进一步提炼</td><td rowspan="4">生物园地、科技六楼</td></tr>
<tr><td>成果展示</td><td>分组进行雨水花园项目讲解实践展示</td></tr>
<tr><td>反思研讨</td><td>小组互评、小组自评和总结、教师评价、总结</td></tr>
<tr><td>整理资料</td><td>汇总、整理改进意见、建议</td></tr>
<tr><td>5</td><td>成果调整、总结：讲解成果的汇总整理与改进</td><td>总结反思</td><td>讲解成果的汇总整理与改进；回顾、总结课程</td><td>课后：完善方案，提交学校学生发展处</td><td>多媒体教室</td></tr>
<tr><td>学生作品</td><td colspan="6">川大附中校园雨水花园项目讲解方案、相关讲解资料、用具等</td></tr>
<tr><td>评价方式</td><td colspan="6">生生之间相互评价、学生自我评价、教师引导性评价、方案等级评定</td></tr>
<tr><td>安全保障</td><td colspan="6">一般校内活动安全保障</td></tr>
<tr><td>条件保障</td><td colspan="6">外部保障：多媒体教室、计算机房、生物园地；内部保障：相关资料的汇集整理与分析</td></tr>
<tr><td>开发次第</td><td colspan="6">课程为首次开发</td></tr>
<tr><td>课程审批</td><td colspan="6">1．课程教学处：　　签　章　　年　月　日
2．学生发展处：　　签　章　　年　月　日</td></tr>
</table>

校园雨水花园项目的现场讲解与交流总结

一、教学分析设计

（一）活动分析

本次课为本门课程的第 4 次课，通过前 3 次课的学习研究，学生进行了海绵城市原理的了解；常见的雨水花园的原理、形式、优缺点的了解。组建研究小组，明确了课程要求，进行了讲解方案的设计和初步实施。本节课为课程核心问题教学的评价反馈环节，各小组将展示、交流本组的讲解方案及感悟，展开自评他评；各小组获得评价反馈后，进一步修改讲解方案，整理方案资料入库。因此，本次课主题中的活动内容确立为“各小组讲解方案”的展示、实施、交流与评价。

（二）学生分析

各研究小组学生在课程教师的悉心指导下，积极展示方案设计、道具等资料准备和制作，形成了本组初步的讲解方案。学生们在兴奋于已有研究能力在方案制定中得以提升的同时，很渴望自己的方案成果能在展示交流中既得到同伴的充分鼓励，获得进一步的成就感，又能得到同伴的改进建议和意见，还能在观摩他组展示的活动中获得有益的启发，进而可将这些用于进一步优化自己的讲解方案，在今后的学校接待活动中得到更多的展示机会。因此，本次课主题中的学生活动方式主要为展示、交流、评价。

（三）目标分析

根据本课程规划纲要中确立的课程教学目标，基于本次课的活动分析及学生分析，撰写本次课的教学目标如下。

结果性目标：能投入初步讲解方案的展示和实践、交流与评价活动，能基于评价反馈自发、完善自己的讲解方案。

体验性目标：在初步讲解方案的展示、交流、评价与改进活动中，体验讲解内容与呈现方法、形式的关联、体验缄默知识与显性知识的关联。

（四）资源分析

本次课为室内的展示交流课，所用主要教学资源如表 1 所示。

表 1

教学资源	选用意图	来源
平板	辅助推进教学环节，展示图片相互评价等	科大讯飞
黑板	板书本堂课活动中的关键信息，呈现学生观点、辅助教师提升讲解	黑板
雨水花园项目实景	针对项目实景，进行充分展示讲解	雨水花园项目基地

（五）主题分析

按课程规划纲要的课次规划，基于前面对本次课程活动与学生的分析，将本次课的活动主题确定为：讲解方案的展示、实践、交流与改进。

二、教学实施设计

（一）教学环节

按课程规划纲要的课次规划，本次课为核心问题教学中的评价反馈环节，其下包括自评互评、修改方案、资料入库及申请认定四个子环节，具体教学设计如表2所示。

表 2

教学环节	学生活动	教师活动	设计意图
教学引入（约4min）	首先，师生一起回顾前三次课学习的内容： 第1次课提出问题：课题研究方向及问题的确立、组建小组、明确要求 第2次课解决问题1：讲解方案的初步制订 第3次解决问题2：初步讲解方案的试讲解、调整改进，形成详细的讲解方案 第4次课反思提升：详细讲解方案的展示、实施、交流、评价	引导学生回顾前三次课的内容，简单介绍学生的任务引出本次课的学习任务：分组进行方案的展示实践，交流各组的研究过程，进行小组自评、互评，教师评价、总结	在前三次课进行了理论了解、分组、讨论、设计方案、试讲等，为本课次的学习打下了基础，所以，回顾前三次课程内容，可以帮助学生快速进入本课次的学习活动状态
展示交流（约30min）	小组1、小组2分别对米校长等领导和专家进行接待讲解	引导、观察同学们的展示与交流活动，记录各组展示交流要点	本课次要求结合课程主题——“雨水花园项目讲解方案设计并现场讲解”进行交流与展示，让学生经历研究的过程，清楚任务要求、理解研究目的，并将研究方法的选择理由进行说明，学生在对规范研究过程及成果进行反思基础上的展示交流中，提升其研究的能力和素养
互评、自评、总结（约20min）	学生基于在各组展示交流时的思考与记录，对他组的讲解方案成果及展示进行评价。各组回顾总结研究过程和问题的生成、改进，反思总结，并提出进一步改进的意见	参与、引导同学们的自评互评活动。鼓励学生勇于自我表达，肯定学生在研究过程主动积极与大胆创新	通过小组间的自评互评，提升学生敢于质疑、勇于探索、乐于沟通等研究素养

（续表）

教学环节	学生活动	教师活动	设计意图
教师评价、课堂总结（约 6min）	学生在教师的引导下反思本课次的内容，并对两个小组的讲解进行点评、课程研究方法的总结、布置课后要求、为课后形成改进建议打下基础	教师对展示方法、形式、内容进行归纳提升，对方案制定和展示过程十分扎实的小组给予肯定 对本节课表现突出的个人和小组进行表扬，并从教师角度提出一些建议	肯定学生有发现和研究、解决实际问题的社会责任感，有善于发现问题、提出问题、获取信息、解决问题、检验结果和推广运用的研究实践能力，鼓励小组成员间协同合作，继续完成后续工作

（二）评价预设

1．教学活动中对学生即时、口语为主的评价预设

教学引入环节：回顾课程，明确本节课的具体要求和流程，让学生清楚这次课和前三次课的关联，对前期准备工作做得较好的小组提出表扬，鼓励学生在本次课能大胆发言、主动交流，营造积极的课堂氛围，激发学生的学习热情，实现演讲者与倾听者的共鸣，以达到本次课的目标。

展示交流评价环节：通过对两个小组展示、交流过程给予的激励性评价，促进学生进一步融入课堂，能主动进行有效记录，重点引导学生在语言表述、环节逻辑性上的把握，展现小组的合作能力，有效激活学生在交流展示时个性的体现，主动调用自己已有的知识处理临场的情况，使课堂中充满新的火花。

展示交流小结环节：促使学生思考如何展示效果和方案设计效果，提出改进意见等，将建议不断优化，提升自己的研究素养，为后续环节的开展打下基础。

2．教学活动后的评价预设

从本课次教学目标，尤其是体验性目标达成情况的视角，将学生上交的研究过程资料，以及展示方案等资料向学校提交，并及时反馈。

（三）板书设计（如图 1 所示）

海绵校园之雨水花园建设（二）第四次课

——雨水花园项目现场讲解与交流总结

提出问题：

课程核心问题：实地考察校园雨水花园项目，设计讲解方案并现场讲解。

解决问题：

研究雨水花园项目 }
研究项目接待讲解 } ——→ 设计讲解方案 ——→ 实践改进调整

反思提升

1．项目接待讲解（项目分解；研究内容与方法技巧；形成、实践与调整方案）

2．方法：实地考察法、查阅文献法、访谈法

图 1

（四）教学流程（如图2所示）

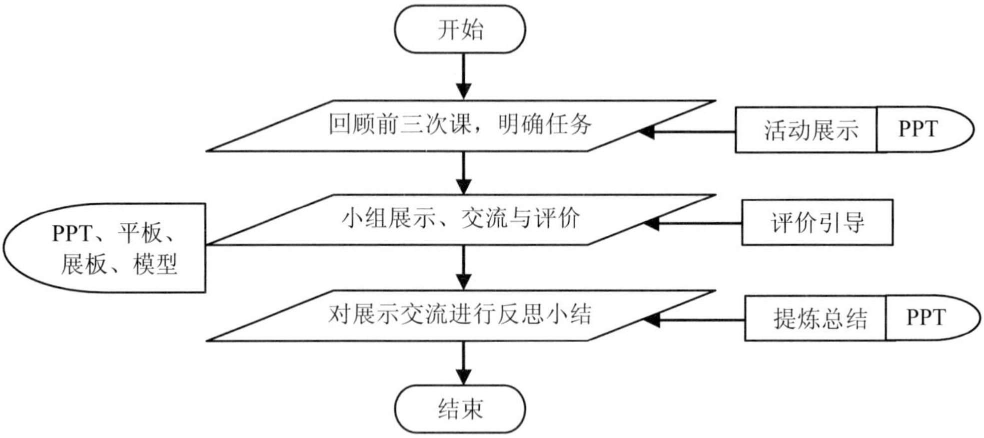

图　2

三、教后评价反馈

（一）信息搜集

课后认真观看了上课录像和评课录像，获取了小组同学的互评、听课教师们的评价以及课程其他指导教师的意见和建议。

（二）自我评价

这节课是“海绵校园之雨水花园建设（二）”这一综合实践活动课程的第四次课，本节课为课程核心问题教学的评价反馈环节，课堂的主要任务是：各小组展示、交流本组的讲解方案及感悟，展开自评和他评；各小组获得评价反馈后，进一步优化讲解方案。以期在研究过程的规范和方法的恰当运用中彰显课程的研究性，最终形成更有价值的小组方案成果，并借此涵养学生的研究素养。

作为本次校本教研公开课的执教者，我最初的设想是很完善的，学生的准备也是很充分的。我们设想：第一次课时，教师给学生讲解海绵城市原理和常见的雨水花园的原理、形式、优缺点；学生自己组建研究学习小组，并进行小组分工；教师带领学生实地考察我们自己建成的校园雨水花园项目。第二次课时，学生自己进一步查找资料，开始设计讲解方案，准备相关的讲解道具模型、展板等。第三次课时，进行方案的实地预演，进一步改进方案和熟练讲解。第四次课时，进行接待讲解展示和评价交流。第五次课时，进行资料整理，方案完善，资料入库。学生分成了两个研究学习小组，前期也投入了许多的精力，如搜集资料和观察已建成的校园雨水花园、设计讲解方案，制作模型和展板，反复地在课余时间去实地讲解调整熟练。教师据此来判断公开课时各小组可能出现的问题和各环节的时间分布，还可以对拟在公开课时上台展示交流的两个小组的PPT做一些更适合在公开课上展现的优化处理，还重点对学生在实地讲解接待时的语言和仪态等进行更强的细节化指导，并且根据两个小组的特点进行了有针对性的指导，让两个小组形成具有鲜明特色的讲解接待方案。

目前，遇到了一些不可抗力。一是确实学生的时间有限，公开课临近，学生只有大量花费平时自习时间来准备资料和调整、熟悉方案。因此，课堂的评价更没有时间预演，公开课展示出来的课堂评价都是现场生成，至少是第一次呈现在大家的面前。二是公开课时由于必须要在室外雨水花园项目所在的生物园地进行接待讲解，因而当时的室外环境也没有办法控制，导致当时附近小区装修的巨大噪声使得学生的讲解效果还是受到了不小的影响。

实际情况比设想的好很多，两个小组在公开课上的“原生态”表现非但没让我难堪，反而令我惊喜万分。虽然课前他们很紧张，但是，课上接待讲解时他们反而很从容自信，他们条理清晰、重点突出、特色鲜明，或是给人宾至如归的感觉，或是让人深感规范科学。尤其是空军那组同学真的惊艳到我，他们的进步特别大，比预期好太多了。两个小组同学的前期付出得到了充分展示，努力没有白费。他们的优秀展示让我感慨于学校对学生研究型学习品质培养上的孜孜以求使学生获得的研究素养的提升，让我感慨到学生的潜力有多大，只要给他们一片施展的空间，他们就会交给你一份满意的答卷。

这节课上展示交流的两个小组接待展示的内容各有侧重，各有特色。第一小组借助自作的雨水花园模型，展示讲解深入且给人宾至如归的感觉，参观者在不知不觉中就感受到了我们学校的雨水花园的特色。第二小组借助展板，展示讲解科学且气势恢宏，还编制了川大附中雨水花园顺口溜，真的是棒棒棒！在评价时，两个小组的同学都深入反思了自己小组的研究实践过程，不仅谈到了对校园雨水花园项目的认识，还进行了项目接待讲解方法的归纳提升。

作为这节研究课执教者的教师而言，我觉得在指导学生进行项目接待讲解的过程中有以下两点收获和感受：一是获得了专业成长，让老师再一次深刻意识到综合实践课程开发和实施要在基于综合性、实践性和活动性的前提先凸显研究性，以发展学生的研究素养。二是深刻体会到团队的重要性，不管是教师团队还是学生团队，正是因为有了杨浩老师和王小林老师的共同参与才让我不至于踽踽独行。课程组教师在雨水花园课程的第一阶段就作为组织和参与者、指导教师对整个项目都了然于胸，自然在第二阶段的综合实践研究课中就得心应手。一个人的力量永远是有限的，有了这个教师团队才有这次的研究课，所以，感谢我的团队。当然，学生团队也很重要，一个小组的学生许多都是来自于不同层次、不同性质的班级，通过团队的建设，他们互相协作，互相理解，最后才呈现出研究课的精彩。

以上是这节综合实践按活动课程公开课的自我评价、反思总结和收获体会。

（三）反馈调整

鉴于此次课是本课程的第四次课，旨在于呈现和反思归纳提升本课程前期的成果，有助于各小组进一步优化讲解方案，所以，主要采用了对各小组根据课堂上展示以及各方面意见和建议优化后的项目讲解方案进行了书面反馈评价，目的在于促进学生对项目接待讲解的进一步认识。

川大附中校园“雨水花园”项目文案

邢亦菲　游喆昱　于子超　李敏嘉

一、主题导入

由廖珂贤担任讲解，通过引入话题的方式进入主题介绍，先介绍什么是“雨水花园”，再过渡到我校“雨水花园”的建设。

二、“雨水花园”工作原理

由廖珂贤担任主讲，介绍“雨水花园”的集水装置和灌溉装置等，再由廖柯贤提问并抽取曾顺俐进行回答。

1．先是搜集装置上孔的作用，此问题由刘宗煜回答。

刘宗煜（溢水孔作用的讲解）：接下来由我为大家讲解这个溢水孔的作用。大家可以看到，溢水孔位于集水装置的上方。大家可能会有疑惑了，集水装置不就是为了集水吗？那为什么还要设计这么一个溢水孔将好不容易搜集起来的水放出去呢？众所周知，成都是亚热带季风气候，夏季高温多雨，冬季寒冷干燥，这是亚热带季风气候的显著特征。在夏天下暴雨的时候，集水桶里的水很容易就集满了。请大家设想一下，在家里向水桶里放水的时候，如果没人管，是不是就会“水漫金山”，所以，在家里经常会听到来自妈妈的“河东狮吼”：“快去把水龙头关上！”集水桶也有这样的问题，雨水花园没有一个经常关怀他的妈妈，所以，只能一切靠自己，我们便为它设计了这个溢水孔，第一个作用相信大家已经猜到了，就是防止集水过多，从顶部溢出，流入雨水花园的土层，增加土层排水的负担，有可能导致“雨水花园”排水系统瘫痪，导致植物“烂根”而死。

从物理角度上来说，没有这个溢水孔的话会导致集水过多，高度增加，压强过大，可能会使控制水流量的流量阀受到损坏，从而使控制的水流量不够精准，使植物的生长受到一些影响。

2．以上便是溢水孔的作用，下面有请廖珂贤同学继续为大家讲解

3．U 型管的作用由曾顺俐回答。

4．流量阀门由于子超回答。

5．滴管装置的作用由周明康回答。

再由我校雨水花园与普通土壤进行对比，突出其可持续性和利用价值。

三、“雨水花园”土质层

由廖珂贤的完美衔接和过程引出何深林介绍“雨水花园”土质层。

何深林：各位老师，领导好，我是何深林，现在我给大家介绍“雨水花园”的土质层次。在介绍之前，先给大家讲一下“雨水花园”从上到下分为蓄水层、覆盖层、种植

土层和砾石层。我校“雨水花园”结构是覆盖层、种植土层、有机质层、普通土壤和营养土层、砾石层及硬化地表。我校雨水花园是模拟屋顶设计的，因此，硬化地表是为了防止水流下渗。举个形象的例子，假如你在别人楼层上面说修鱼池或者蓄水池，你肯定会跟他商量做好防水设施，这样才会同意你的提议。

下面介绍我校雨水花园的土层，首先，最上面看到的是覆土层，由许多小颗粒铺成，其中作用是遮挡阳光，降低地温，减弱蒸发，过滤杂质；其次，是有机质层，（由于不便观看，请各位往展板这边看）它可以提供植物生长所需的碳氧化合物和金属离子化合物等简单的肥力；再次，是普通土壤，主要作用有以下几点。

1. 起到支撑作用，保持植株坚挺
2. 提供植物生长所需的水和氧气
3. 提供微量元素

接下来是营养土层，它是一种持续提供肥力，疏水透气的有机床土，可以为上方土壤层提供长久的肥力。最后一层是砾石层，许多砾石之间有些空隙足以水流的运动和下渗，由于下面地表硬化它还可以进行蓄水，为上方土层提供湿润度。当砾石里面的水偏多或需要重新利用的时候，可以从这个排水口排出，从而达到一水多用的效果。

回到这里，刚才我讲的砾石层，既然空隙如此大，为什么上方土壤不会溜到下面砾石层里去呢？这样不就堵塞了水的流动吗？（这也是雨水的缺点之一）就是怕堵，针对这个问题，我认为在这里放一层土，可有效预防上方土层流泻到下方砾石层去，进行简单的过滤。

我的介绍到此结束，谢谢大家!

何深林：

1. 强调“雨水花园”地质特点，地表硬化有廖柯贤回答。
2. 膜的作用。
3. 排水口的作用（此过程有图纸呈现）。

四、结语

由廖柯贤主讲再次强调“雨水花园”的项目利用价值对生产生活做出积极的作用，结语最后再倡导大家的环保意识。

五、小组集体顺口溜

川大附中有块宝，雨水花园进来瞧，
要问装置哪里好，听我给你细说道。
集水装置少不了，雨水集得真不少，
水分蒸发怎么搞，U型管里有门道。
雨季水多怎么搞，上方导管往外倒，
植物供水怎么搞，滴管装置是法宝。
科学滴灌耗水少，草木勃发不用浇，
节水美观真环保，米校听了直说好。

六、小组总结

大家好，我是何深林，下面很荣幸代表我们小组做总结。

我们小组在每一次排练后，认真分析其中存在的问题并积极讨论如何完善。例如：

第一次：我们采用个人讲解制，由廖珂贤同学进行单独讲解，存在许多相应的问题，主要有以下几个方面。（1）语言比较紊乱；（2）同学间的衔接不流畅以及分工不明确；（3）对于什么是“雨水花园”我们还没有太多的认识，不知道该如何进行讲解。经过总结最重要的原因就是没有详细的文案。事后通过查资料，实地考察，向老师请教，然后讨论分工，制订了一系列初步的文案，还创作了一首比较押韵的顺口溜。

第二次：在经过前面的修改以后，我们进行了第二次排练，可是一波未平一波又起，新的问题又出现了。我们小组对于什么是项目接待和如何进行项目接待还不太清楚。因此，我们查阅了各种关于礼仪的资料，并且询问了空军班教官一些关于军队里的礼仪接待。

第三次：解决了前面一些问题，还制作了海报，改变了讲解形式，使每个人都有工作可做。可是修改了这么多次文案，每个成员之间的配合和默契有点生疏。在此之后我们又不断地练习和不断地排练，努力做到流畅，做到完美。

经过许多挫折和不断的改进，最终形成了今天给大家展示的这套关于介绍“雨水花园”的方案。

在这次综合实践课程中，我们学到的不仅仅是怎样设计方案，还学到了一些新的知识。比如，在项目接待方面，我们有了新的认识。接下来请廖珂贤同学给我们带来我们小组对于项目接待的一些认识和感悟。掌声有请……

廖珂贤：通过这次课程，我们请教了我们队长，学习到了关于项目接待的许多知识。首先，迎送礼仪要得体，称呼的使用亲切得当；其次，手部的动作以及规范，双手总是处于醒目的地方，手势应当清晰准确，手势的幅度尽量小，不要影响观众的视线，使用手机的次数也应当减少。然后是站姿，站姿应当挺拔而庄重，既身体站直，腰部挺直，挺胸而收腹，双腿并拢，双脚微分，双手交叉于身前双肩平直，头部保持端正。最后是着装的讲究，着装要得体，着装禁忌：脏、乱、破、露、透、短、紧、艳等。由于航空班平常规定了着装要求，所以，这一点我们还是做得很好的。我的总结完毕，谢谢大家！从中不仅学到了项目接待，还对“雨水花园”有了新的认识。从懵懂无知变得知天地，晓万物，总会经历一些困难和挫折。接下来请曾顺俐同学给我们带来他的感悟。

曾顺俐：在未学习这个课程之前我对于“雨水花园”的U型管的认识很片面，因为它跟家里面的那种下水道的U型管大概是一样的作用。但学了以后才发现它可以起到减少蒸发和节约水资源的用处。里面有一段很稳定的水封可以有效地封堵水蒸汽逃跑的路线。真是让我了解到其中的奥妙。我的总结完毕，谢谢大家。

感谢曾顺俐同学的发言，下面由我给大家带来我对“雨水花园”土层的认识。曾经我想过这样的土层安排是不是一层不变的呢？能不能把最下面的放在最上面呢？我们学习要讲究，思维的发散有正向思维和逆向思维，这些天马行空的想象让我很好奇，于是我去查阅了很多资料，才发现这样安排土层的作用是什么，砾石层中间有较大的空隙，把它放在最上面会导致过多杂物堵塞“雨水花园”的通道，进而使“雨水花园”整个系统瘫痪。因此，我的想法是错误的。我的感悟到此结束谢谢大家！

在这次综合实践活动中，我们团结，积极，踊跃地参与，既锻炼了我们的许多能力，开阔了许多见识，学会了很多方法，也知道了该如何处理事情。

下图为本组讲解时所用的辅助手段——“雨水花园”项目展板。

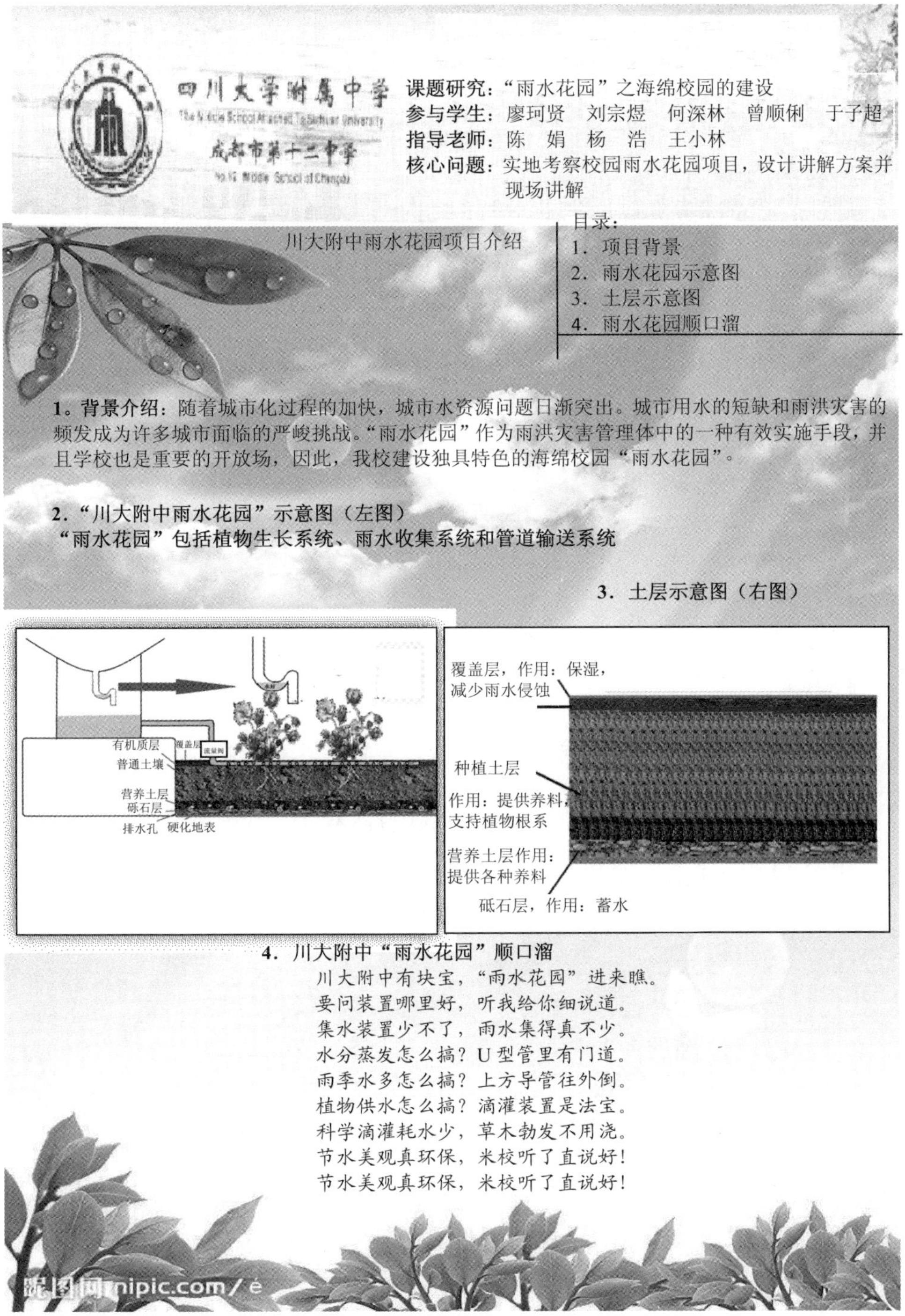